Brandenburger Kleist-Blätter 6

Stroemfeld Verlag

Inhalt

Roland Reuß
»Im Freien«?
Kleists »Erdbeben in Chili« — Zwischenbetrachtung »nach der ersten
Haupterschütterung« S. 3-24

Peter Staengle
Fräulein von Zenge nebst Kleist, Krug, Tasse und Bild S. 25-59

Doris Borelbach
Zettels Alptraum. Zum Beginn der Erschließung des handschriftlichen
Nachlasses von Georg Minde-Pouet in der Amerika-Gedenkbibliothek,
Berlin S. 61-62

Die **Brandenburger Kleist-Blätter** erscheinen jeweils mit Bänden
der von Roland Reuß und Peter Staengle herausgegebenen
Brandenburger Kleist-Ausgabe; sie sind nicht separat erhältlich.
Brandenburger Kleist-Blätter 6 sind im Sommer 1993 mit dem Band II/3
der Brandenburger Kleist-Ausgabe (Das Erdbeben in Chili)
erschienen (ISBN 3-87877-350-1)

Brandenburger Kleist-Blätter 6
Copyright © 1993 Stroemfeld
CH-4007 Basel · Oetlingerstr. 19
D-60322 Frankfurt am Main · Holzhausenstr. 4
Alle Rechte vorbehalten.
Gesetzt von Roland Reuß aus der Stempel-Garamond und der Frutiger 45
auf Geräten, die freundlicherweise die Firma Siemens/Nixdorf
der BKA zur Verfügung stellte.
Druck und Herstellung: Offizin Andersen Nexö, Leipzig
Printed in Germany

Bitte fordern Sie unsere kostenlose Programminformation an!

»If somebody tole you, hit could be a lie. But if you dremp hit, hit cant be a lie case aint nobody there to tole hit to you. So we got to watch him.«
W. F.

Roland Reuß
»Im Freien«?

Kleists »Erdbeben in Chili« — Zwischenbetrachtung »nach der ersten Haupterschütterung«

Die Gedanken, die ich auf den folgenden Seiten zu entwickeln versuche, sind mir im Frühjahr und Sommer 1993 durch den Kopf (das »Haupt«) gegangen. Ihr Gegenstand ist, wie in der Studie des »Penthesilea«-Beiheftes, die Sprache eines Kleistschen Textes. Erörtert wird im Umgang mit ihm die im Zentrum von Kleists Poetik stehende Möglichkeit, *sich* mittels und durch die künstliche Apparatur eines poetischen Textes, einer experimentellen Versuchsanordnung, durch die Differenz der Zeit und des Ortes hindurch, *persönlich, frei, mitzuteilen*.

Meine Überlegungen hierzu schließen in der Überschrift an die Vermessung des »Geklüffts« an, wie sie im letzten Beiheft versucht wurde.[1] Müßte man nicht hinter die Rede vom »Freien« ein Fragezeichen setzen, ließe sich behaupten, die beiden Versuche verhielten sich zueinander komplementär. Da die Sprache im »Erdbeben in Chili« indes allenfalls, *in statu nascendi*, »der Öffnung zu [zu!]« orientiert ist und sich einer vermeintlich positiven 'Lösung' des zugrundeliegenden Problems entzieht, ist die folgende Zwischenbetrachtung des utopischen Ortes der Mitteilung eher eine Erörterung *Desselben*, allerdings auf anderen Wegen, Umwegen.

BKA II/3,11$_{22}$

---

1 R. R., *»Im Geklüfft«. Zur Sprache von Kleists »Penthesilea«*, in: BKA I/5, Brandenburger Kleist-Blätter 5 (Basel/Frankfurt am Main 1992), 3-27.

I

BKA II/3,16₁₃ff.

»*Er durchlief, unschlüssig, was er thun sollte, die einzelnen Gruppen derselben, und wollte sich schon wieder wenden, als er plötzlich an einer Quelle, die die Schlucht bewässerte, ein junges Weib erblickte, beschäftigt, ein Kind in seinen Fluthen zu reinigen.*« — Die zitierte Stelle, eine der wenigen, die überhaupt im Zusammenhang der Textkonstitution des »Erdbebens« diskutiert wurden, hat von jeher das Interesse der Editoren auf sich gezogen. Sowohl im überlieferten Text aus Cottas »Morgenblatt für gebildete Stände« (1807) als auch im Text von Kleists »Erzählungen« (1810) scheint von dem betreffenden Korrektor resp. von Kleist übersehen worden zu sein, daß das Possessivpronomen »seinen Fluthen« zur Rede von der »Quelle« im Genus nicht paßt. Ludwig Tieck, der noch 1826 in der von ihm herausgegebenen ersten Auflage der »Gesammelten Schriften« Kleists[2] dem Druck von 1810 in diesem Punkt folgt (ob aus Unaufmerksamkeit oder aus Pietät dem Buchstaben gegenüber, bleibt unklar), entschloß sich in seiner 1846 erschienenen Auswahlausgabe zu der Konjektur »in *deren* Fluthen«.[3] Julian Schmidt, der 1859 eine überarbeitete Ausgabe der Tieckschen Edition vorlegte, entschied sich zur Konjektur »in *ihren* Fluthen«;[4] ein Eingriff, der sogar die ausdrückliche Zustimmung des sonst mit Konjekturen eher zurückhaltenden Reinhold Köhler fand[5] und der auch noch in der Ausgabe von Erich Schmidt von Anfang des Jahrhunderts anzutreffen ist.[6]

Gegenüber den Konjekturen Tiecks und Julian Schmidts hat erstmals wieder Helmut Sembdner auf dem Wortlaut des überlieferten Textes bestanden.[7] Seine Insistenz gründete allerdings auf einem äußerst schwachen Argument, dessen Verallgemeinerung zu einer Art von Generalamnestie für alles Störende führen würde — wobei weniger der Gedanke einer Generalamnestie zu kritisieren ist (im Gegenteil, Amnestie ist immer besser als das merkantil-atavistische Verhalten der Vergeltung), als vielmehr, daß durch dieses Vorgehen das Störende als Störendes — d. h. als Möglichkeit der Reflexion — geschluckt zu werden

---

2 *Heinrich von Kleists gesammelte Schriften,* hg. von Ludwig Tieck (Berlin 1826), 3 Bde., III 163.
3 *Heinrich von Kleist's ausgewählte Schriften,* hg. von Ludwig Tieck (Berlin 1846), 4 Bde., III 206.
4 *Heinrich von Kleist's gesammelte Schriften,* hg. von Ludwig Tieck, revidirt, ergänzt und mit einer biographischen Einleitung versehen von Julian Schmidt (Berlin 1859/63), 3 Bde., III 168.
5 Reinhold Köhler, *Zu Heinrich von Kleist's Werken. Die Lesarten der Originalausgaben und die Aenderungen Ludwig Tieck's und Julian Schmidt's* (Weimar 1862), 95, zu Schmidts Konjektur: »Mit Recht.«
6 *H. v. Kleists Werke,* im Verein mit Georg Minde-Pouet und Reinhold Steig hg. v. Erich Schmidt, 5 Bde. (Leipzig/Wien o.J. [1904/06]), III 299; zur Begründung vgl. IV 380: »Versehen Kleists, dem 'Quell' oder 'Wasser' vorschwebte.«
7 Heinrich von Kleist, *Sämtliche Werke und Briefe,* hg. v. Helmut Sembdner, 2 Bde. (München ⁸1985), II 148.

droht. Sembdner begründet nämlich sein Festhalten am Possessivum »seinen« (wie bekanntlich dann auch sein Verhalten zu Kleists Interpunktion[8]) durch den Hinweis auf akustische Vorlieben des Autors: »zu dem falschen (auf 'Quelle' bezüglichen) Pronomen 'seinen' wurde Kleist wahrscheinlich aus dem Bedürfnis nach ei-Lauten an dieser Stelle verführt: 'Weib', 'seinen', 'reinigen'. Man sollte es nicht durch das korrekte, lautlich aber störende 'ihren' ersetzen«.[9] Es ist klar, daß man mit dieser Art von Argumentation als Lizensiertes (i. e. Unkritisches[10]) *de facto* alles rechtfertigen kann, was als Befremdliches in einem Text auftauchen möchte. Die semantische Konfusion, die Kleists Text an der zitierten Stelle hervorruft, ist gewissermaßen immer schon *überhört,* und es stellt sich dann nur noch die Frage, warum Sembdner gleichwohl noch von einem »falschen« (im Unterschied zu einem »korrekten«) Pronomen spricht: Dem Programm traditioneller Textkritik zufolge sind Fehler (nicht: 'Fehler') zu korrigieren. Bei Klaus Müller-Salget, der Kleists Text als letzter bearbeitet hat, wird das Schwankende dieser Position zur Inkonsistenz gesteigert. Auch er beläßt im konstituierten Text das Possessivum »seinen«.[11] Ob er Sembdners Argumentation (Primat einer intendierten Diphthonghäufung vor jeder grammatisch-semantischen *correctness*) teilt, geht aus seinem Kommentar jedoch nicht hervor.[12] Die Antwort auf die eigentlich textkritische Frage, warum, wenn wirklich »in ihren Fluthen« »richtig wäre«,[13] nicht eben dieses Genus konsequenterweise auch von ihm in den konstituierten Text gesetzt wird, bleibt er schuldig.[14]

II

Was 'richtig' und was 'falsch' ist an einer bestimmten Stelle eines poetischen Textes, kann nicht unabhängig von einer Explikation des Textsinns, sozusagen allein durch Appell an die Instinkte des gemeinen Menschenverstandes

---

8 Helmut Sembdner, *Kleists Interpunktion,* in: JDSG 6 (1962), 229-252 (auch in: ders., *In Sachen Kleist.* Beiträge zur Forschung [München ²1984], 149-171).
9 *Sämtliche Werke und Briefe* (a.a.O., Anm. 7), II 903.
10 In dem präzisen Sinn von Kritik, der im Beiheft zur »Marquise von O....« dargelegt worden ist: R. R., *Was ist das Kritische an einer kritischen Ausgabe? Erste Gedanken anläßlich der Edition von Kleists Erzählung »Die Marquise von O....«,* in: BKA II/2, Berliner Kleist-Blätter 2 (Basel/Frankfurt am Main 1989), 3-20.
11 Heinrich von Kleist, *Erzählungen. Anekdoten. Gedichte. Schriften,* hg. v. Klaus Müller-Salget (= H. v. K., Sämtliche Werke und Briefe in vier Bänden, Bd. 3, Frankfurt am Main 1990), 197.
12 Müller-Salget spricht von Sembdners Vermutung, ohne zu sagen, ob er sie für richtig hält: ebd. 817.
13 Ebd.
14 Zu mutmaßen, es sei die vielbeschworene Ehrfurcht vor dem Text gewesen, die eine Emendation verhindert hat, wäre irreführend. Wenn es stimmt, daß Texte nicht einfach vorliegen, sondern aus der Überlieferung gewonnen werden wollen, ist keine Ehrfurcht in einem Verhalten zu sehen, das sich der Kommunikation mit dem Text durch den Hinweis auf die Gewalt des Faktischen überhoben glaubt.

(oder die Innervationen eines musischen Gemüts) dekretiert werden. Insbesondere setzt eine kritische Exposition von Textproblemen voraus, daß die Maßstäbe, die man an die Texte anlegt, aus diesen selbst entwickelt werden, anders gewendet: daß die vermeintlich ein für allemal feststehenden Maßstäbe von den Texten selbst noch einmal radikal in Frage gestellt werden können — auf einer Expedition, die sich mit dem gediegene Gelehrtheit und unverbrüchliche Objektivität erheischenden Gestus der meisten Kommentare in der Tat nicht verträgt. Die immanente Logik der Texte hat jedoch ihre autonomen Wahrheitswerte, die, Risiko hin, Risiko her, entfaltet werden wollen, anstatt ihre irritierende Außenseite einem der Sache selbst äußerlichen Regelwerk zu unterwerfen. Vor Überraschungen ist man dabei nicht gefeit. —

BKA II/3,16$_{1of.}$
Ebd. 16$_{17}$

Ebd. 16$_{8ff.}$

Ebd. 16$_{5ff.}$

Die nähere Umgebung des eingangs zitierten Satzes ist geeignet, Annahmen über den scheinbar primär deskriptiven Status der Sprache von Kleists Text ins Wanken zu bringen (zu *sollizitieren*). Nicht nur Jeronimo hält sich auf der Grenze gegenüber einem Abgrund (»als er den Rand eines Felsens betrat«); die Formulierungen des Textes — er geht auf die »Quelle« zu — bewegen sich selbst auf einem schmalen Grat. Ein für allemal ausgemacht scheinende Grenzen zwischen semantisch an sich fein säuberlich getrennten Bereichen werden überschritten. Ein erstes, auffälliges Mal wird im Weichbild des zitierten Satzes eine Grenze transzendiert durch die Verbindung von »Sonne« und »Hoffnung«, wie sie der unmittelbar voraufgehende Satz ausspricht: »Die Sonne neigte sich, und mit ihr seine Hoffnung schon wieder zum Untergange, [...]«. Zu sagen, bei dieser Engführung handle es sich um einen impliziten Vergleich, wäre ein leicht durchschaubares interpretatorisches Manöver mit dem Ziel, sich gegenüber dem Befremdlichen dieser Stelle zu immunisieren. Die Partikel »mit« setzt die »Sonne« und Jeronimos »Hoffnung« nicht so zueinander ins Verhältnis, daß sie 'simultan'[15] »untergehen«. Artikuliert ist auch nicht einfach eine Analogie. Gesetzt ist von Kleists Text an dieser Stelle vielmehr *expressis verbis*, daß die Grenze zwischen dem 'außen' befindlichen Element und Jeronimos Hoffnung keine letzte ist — mit der doppelten Konsequenz einer Vermenschlichung des Elementaren einerseits, einer Elementarisierung des Menschlichen andererseits. Vor diesem Hintergrund wird sprechend, daß der Satz zuvor mit der Formulierung schloß: kein »weibliches Gewand [...] deckte die geliebte Tochter Asterons«. Die Engführung von Sonne und Hoff-

---

[15] Zeitliches Verhältnis schlechthinniger Äußerlichkeit. Prozesse, die simultan ablaufen, stehen nur in der vergleichenden Perspektive eines Beobachters miteinander in Beziehung: Unterschied zur Koinzidenz.

nung enthüllt (ent-deckt) am Namen »Asteron« seinen Bezug auf die Sterne.[16] Insofern ist im Übergang zwischen den beiden Sätzen das Wiederfinden von Jeronimo und Josephe bereits sprachlich vorweggenommen. Der Untergang der Sonne nimmt Jeronimo zwar die Hoffnung, das Herabsteigen der »silberglänzend[en]« Nacht bringt ihm jedoch die Gewißheit.

Vgl. BKA II/3,20₁₅ff.

Vom »Rand« des Felsens eröffnet sich Jeronimo »die Aussicht in ein *weites*, nur von wenig Menschen besuchtes *Thal*«. Im folgenden Satz tritt an die Stelle vom »weiten Thal« die Rede von der »Schlucht«. Eine Schlucht ist aber, dem Wortsinn nach, gerade kein »weites«, sondern »ein *schmales*, tiefes Thal zwischen zwey Bergen.«[17] Will man nicht aus der Widersprüchlichkeit der beiden Ortsbestimmungen die (weiteres Nachdenken sogleich suspendierende) Konsequenz ziehen, Kleist habe hier wieder einmal nicht aufgepaßt, kann man sich durch sie aufgefordert sehen, vorgängige Annahmen über den Status der Ortsbestimmungen zumindest irritieren lassen. Zur Irritation an der fraglichen Stelle trägt auch bei, daß es semantisch zumindest problematisch ist, von den »Fluthen« einer Quelle zu sprechen. Es ist, als überspringe die Beschreibung, die Kleists Text hier gibt, den gesamten *Zwischen*bereich zwischen Ursprung und Ausbreitung des Wassers[18] — mit dem für die immanente Poetik des Textes entscheidenden Effekt, daß sich die Konturen des genannten Ortes auflösen.

BKA II/3,16₁₁ff.; Herv. v. mir
Ebd. 16₁₇

BKA II/3,16₁₉

Nimmt man die Textbefunde ernst, wird es, wie man so sagt, *kritisch*. Die Versuche, die Setzungen des Textes unmittelbar im Referenzbezug einzulösen, scheitern (die Sonne der naiven Verwendung von Rede geht unter), und wollte man an der Literaturkonzeption festhalten, die diesen Versuchen zugrundeliegt, bliebe allenfalls die von weither kommende Strategie der Beschwichtigung, um sich das Problem vom Hals zu halten. Die Destabilisierung der Horizonte ist jedoch an sich durchaus nichts Negatives. Sie enthält zugleich die Chance, wie Jean Paul einmal gesagt hat, den Blick von der (vermeintlichen) Sache

---

16 Erst die Engführung setzt im Text den Bezug, den der Leser vielleicht vorher schon angenommen haben mag. Es macht einen Unterschied, ob ich anläßlich eines Wortes, eines Namens, eine bestimmte Assoziation habe oder ob sich zeigt, daß der Text diese Assoziation aus sich selbst heraus freigibt — indem er sie in einem Zusammenhang exponiert.
17 Johann Christoph Adelung, *Grammatisch-kritisches Wörterbuch der Hochdeutschen Mundart*, mit beständiger Vergleichung der übrigen Mundarten, besonders aber der Oberdeutschen (Leipzig ²1793/1801), III Sp.1542.
18 Johann Christoph Adelung, *Grammatisch-kritisches Wörterbuch der Hochdeutschen Mundart*, a.a.O. (Anm. 17), II Sp. 235: »In der höhern Schreibart bedeutet Fluth oft das Meer, oder eine große aufgeschwollene Sammlung von Wasser. [...] In welchem Verstande auch der Plural die 'Fluthen', von den in Bewegung gesetzten Theilen eines großen Wassers, von den Wellen, gebraucht wird.«

zu wenden gegen ihr Zeichen hin[19] — eine Bewegung der Reflexion, von der ohnedies die Wahrnehmung poetischer Texte ihren Ausgang zu nehmen scheint. Der kritischen Reflexion versammeln sich dann aber, im Widerschein, die aufgeführten widersprüchlichen Momente zu einer *sprachlichen* Konstellation (auch der Wahrnehmung können Sterne aufgehen), die *innerhalb* der Sprache einen Ort ausmacht (in allen Bedeutungen des Wortes 'ausmachen'). Von den herrschenden Entgegensetzungen ist er letztlich nicht mehr bestimmt.[20] Auch nicht mehr durch die vulgäre Entgegensetzung von Sprache und Wirklichkeit.

Die Frage, ob an der eingangs zitierten Stelle zu emendieren ist oder nicht, ist damit auf eine andere Ebene gehoben. Wenn in dem Passus, der auf die »Quelle« zu geschrieben ist, auch sonst eine Engführung von Extremen zu beobachten ist, wird man es nicht unbedingt für fehlerhaft halten wollen, wenn Kleists Text hier, wo es offenbar um den Versuch einer sprachlichen Darstellung jenes Ur-Sprungs geht, aus dem die Entgegensetzungen entspringen, in den hinein sie wieder untergehen, auch die scheinbar letzte Differenz der Genera nicht unangetastet läßt.[21] Es kommt hinzu, daß die Auflösung der Vorstellungsbestimmtheiten im nächsten Satz vom Text noch einen Schritt weiter getrieben wird. Von Jeronimo wird so geredet, daß seine Bewegung auf den Ort der »Quelle« hin mit dem Springen der Quelle selbst ineins gesetzt wird:

BKA II/3,16₂₀f.; Herv. v. mir

»er *sprang* voll Ahndung *über die Gesteine herab*«. Zwar wird die Vorstellung immer versuchen, die Gestalt Jeronimos und den Quellort — gereinigt — auseinander zu halten; diese Bemühung, sich im Gewohnten (der räumlichen Ordnungen sowohl als auch der traditionellen Ursprungsmetaphysik) zu halten, wird von Kleists Text jedoch gewaltsam unterlaufen. Die Quelle ist hier, Jeronimo dort, einerseits; andererseits: Jeronimo *ist* die Quelle (und insofern kann zu Recht von »*seinen* Fluthen« die Rede sein). Daß die Sprache an dieser Stelle von Allusionen an die

---

19 *Vorschule der Ästhetik*, § 52, in: ders, *Werke*, hg. v. Norbert Miller. Nachworte v. Walter Höllerer (München 1970ff.), V 194.
20 Zu den Verhältnissen, deren Grenzen fließend werden, scheint auch das von Theorie und Praxis zu gehören. Wenn Kleists Text davon spricht: »Er durchlief, unschlüssig, was er thun sollte, die einzelnen Gruppen derselben, [...]« (BKA II/3,16₁₃ff.), steht das Verbum »durchlaufen« in der Doppeldeutigkeit, eine Handlung, zugleich aber auch ein betrachtendes Verhalten meinen zu können. Es ist mit Kalkül gesetzt, daß nach dem Kolon, das theoretisches und praktisches Verhalten unauflösbar gemeinsam ausspricht, zwei Kola folgen, die als Entfaltung der Entgegengesetzten gelesen werden können (»*unschlüssig*« / »was er *thun* sollte«).
21 Ähnliches gilt *mutatis mutandis* für den Namen Josephe.

Sprache der Bibel durchtränkt ist,[22] explizit sogar vom »Heiligen« die Rede ist, macht wahrscheinlich, daß die gegebenen Umschreibungen zugleich dem Ursprung religiöser Rede gelten — mögen diese auch noch so gebrochen sein.

III

»Das Erdbeben in Chili« ist (auch wenn Kleist oder sein Verleger den Text unter dieser Flagge hat segeln lassen) keine Erzählung. Kleists Text hat die Gestalt einer Zwischenbetrachtung.[23] Obwohl vermittels und innerhalb seiner virtualisiert, hat das Zwischen, das er auszumessen sucht, seinen Raum *außerhalb des Textes*. Die Dimensionen dieses Zwischenraumes orientiert der Text selbst einmal in Richtung auf das zu vermutende Zentrum der Äußerung, den Autor, zum anderen auf einen Leser, der das in sich differenzierte Geflecht des Textes gewissermaßen im rechten Winkel zu durchdringen vermöchte — damit WIR nicht »belogen« werden. Eine im strengen Sinn positive Darstellung dieses Verhältnisses, eines der Kommunikation durch den Text hindurch, gibt Kleist weder in diesem noch in irgendeinem anderen seiner Texte. Und dies mit Grund. Zu bezweifeln ist nämlich, daß es eine solche Darstellung überhaupt geben kann, verfiele mit ihr doch das unvorgreiflich Freie der Reflexion und der Zuwendung, ein Ereignis und Geschehen, eben damit zum Ritual einer Veranstaltung, eines »Versöhnungsgeschäft[s]«. Anschaulich wird auf der Vorstellungsebene der Texte allenfalls, und dies nur an wenigen Stellen, die für einen Augenblick aufblitzende, sich sofort wieder verschließende Möglichkeit, in den Zwischenräumen könne etwas gewonnen werden, wofür sonst, auf Erden, auch in Texten, kein Platz zu sein scheint, Freiheit.

Vgl. *BKA* II/3,40$_{10}$

BKA II/3,29$_4$

Die Beschreibung von Jeronimos Rettung aus dem Gefängnis läßt sich teilweise in diesem Sinne lesen. In der Frage, was es heißen kann, angesichts der um sich greifenden Zerstörung für einen Augenblick »im Freien« zu

BKA II/3,11$_2$

---

[22] Daß die Formulierung: »Und das Herz hüpfte ihm bei diesem Anblick« (BKA II/3,16$_{19f.}$) auf Luk. 1,41ff. (als Maria die schwangere Elisabeth grüßt, »hüpfte« [ἐσκίρτησεν] das Kind in ihrem Leibe) anspielt, ist bereits von der Forschung notiert worden (vgl. Irmela Fitschen, *Antithetische Züge in Kleists Erzählung »Das Erdbeben in Chili«*, in: Acta Germanica 8 [1973], 43-58, hier: 51). Die Überblendung der Gestalt Josephes mit der Marias, wie sie im Anruf Jeronimos: »O Mutter Gottes, du Heilige!«, anzutreffen ist, gehört in denselben sprachlichen Bereich.

[23] Wahrscheinlich gilt das für alle Texte, die unter Kleists Namen in den Archiven versammelt sind.

sein,²⁴ sind die Kleistschen Bestimmungen hinreichend präzise. Die *Chance* der Rettung ergibt sich zwar durch den berühmten »Zusammenschlag« der beiden Häuser und die »zufällige Wölbung«, die durch ihn entsteht. Der Weg, der damit vorgezeichnet ist, führt aber von sich aus nur vom Riß der Differenz (»alle Wände des Gefängnisses *rissen*«) zum einheitlichen Block der Wand des gegenüberliegenden Hauses.²⁵ Erst der Umstand, daß Jeronimo nicht den einfachen Weg von (abstrakt formuliert) der Differenz zur Identität nimmt, sondern sich dazwischen offenbar im *rechten* Winkel wendet, zum Verhältnis sich noch einmal frei von sich aus verhält, verschafft ihm für einen Augenblick einen Aufenthalt »im Freien«. Der direkte Weg aus der Differenz heraus wäre sein Untergang.²⁶

<small>BKA II/3,11₂₂f.
Ebd. 11₁₇f.</small>

<small>BKA II/3,11₁₂f.; Herv. v. mir</small>

Die Möglichkeit des Im-Freien-Seins, um die es in Kleists Text geht, hängt jedoch letztlich nicht an den Elementen des Vorstellungsbereichs; sie konstelliert sich, wenn überhaupt, in der Sprache.²⁷ Von daher ist der naheliegende Irrtum zurückzuweisen, irgendeine Person oder ein personales Verhältnis innerhalb des Textes transzendiere tatsächlich qualitativ und auf Dauer die zugrundeliegenden Spaltungen. Die utopische Idylle des anscheinenden »Thal[s] von Eden« und der »e i n e [n] Familie« ist vom Text nur darum instantiiert, damit vor ihrem Hintergrund die Risse in den Beziehungen deutlicher hervortreten können. Sie *scheint die Verhältnisse an*, aber als relativiert durch sie, artikuliert sie nur erneut Differenz.²⁸ Daß die realen Dritten, die aus der Verbindung Zweier entspringen, die Kinder, vom Text immer wieder und bis zum letzten Satz als »Fremdling[e]« angesprochen werden, ist in diesem Zusammenhang ebenso sprechend wie die Tatsache, daß Jeronimo bei der ersten Begegnung mit seinem Kind nichts anderes übrigbleibt, als, gleichsam im Objektbezug, »das fremde Antlitz *an*[zu]wein[en]« und es stumm, zum In-

<small>BKA II/3,20₇
BKA II/3,27₇</small>

<small>BKA II/3,43₂; vgl. 20₁₃; 23₈</small>

<small>BKA II/3,20₁₃f.; Herv. v. mir</small>

---

24 Nur für einen Augenblick, zwischen der »ersten Haupterschütterung« und der zweiten, denn: »Kaum befand er sich im Freien, als die ganze, schon erschütterte Straße auf eine zweite Bewegung der Erde völlig zusammenfiel.« (BKA II/3,12₂₋₄) Analog dazu heißt es zu Josephe, über die Doppeldeutigkeit des Wortes »schließen« vermittelt: »Als sie sich im Freien sahe, *schloß* sie bald, [...]« (BKA II/3,19₁₅f.; Herv. v. mir)
25 Kleists Text sagt nicht, diese sei auch gerissen.
26 Den Hinweis auf diese Konstellation verdanke ich Gerhard Buhr. — Daß das Verhältnis von kompakter und durchbrochener Mauer von Anfang an in Kleists Text eine Rolle spielt, läßt sich übrigens auch an der auffälligen Verwendung des Wortes »Wandpfeiler« (BKA II/3,10₂₂ u.ö.) ablesen; ein Kompositum, das selbst als einheitlicher Block und als lückenhafte Zusammenfügung Entgegengesetzter gelesen werden kann.

27 Der »Zusammenschlag« der beiden Häuser hat denn auch sein sprachinternes Korrelat in Kleists Text. Wenn es heißt, Jeronimo habe »in einer verschwiegenen Nacht den Klostergarten zum Schauplatze seines vollen Glückes gemacht.«, und der folgende Satz fortfährt: »Es war am Frohnleichnamsfeste, [....]« (BKA II/3,8ff.), so bezieht man diese Temporalangabe zunächst auf die besagte Nacht. Erst vom Ende des folgenden Satzes her wird dieser Bezug aufgesprengt. Äußerlich gesprochen, klafft mitten in der Lektüre eine Lücke von neun Monaten. In der Bewegung der immanenten Poetik des Textes jedoch öffnet sich hier der Abgrund, in dem die Gestalt des Autors zu vermuten ist.
28 »Was vermeintlich jenseits der Spaltungen liegt, kann unter den Bedingungen der Spaltung nur selbst als Gespaltenes erscheinen.« (»*Im Geklüfft*«, a.a.O., [Anm.1], 21)

fanten,²⁹ zu machen (»und verschloß ihm [...] mit Liebkosungen ohne Ende den Mund.«³⁰) Die Linie der Spaltung verläuft nicht etwa nur zwischen der »Gesellschaft« einerseits, den Liebenden andererseits;³¹ sie durchkreuzt mindestens ebensosehr die Beziehungen der Liebenden zueinander, zu dem, was aus ihrer Liebe entstanden ist, und zu sich selbst. Vielleicht deutlicher noch als im Verhältnis zum Kind zeigt Kleists Text dies für Jeronimo und Josephe an der Revision der diversen Beschlüsse, die sie über ihre Zukunft treffen und die bezeichnenderweise jeweils am Ende (am Schluß) der ersten beiden Abschnitte verhandelt werden.

BKA II/3,20$_{12-14}$

Der erste Beschluß wird noch von Josephe und Jeronimo gemeinsam gefällt. Er ist insofern regressiv und unfrei gegenüber der herrschenden Differenz, als er die Gestalt der Flucht annimmt. Über den Ort mit dem schönen Namen La Conception sollte der Weg der Familie zu Jeronimos »mütterliche[n] Verwandten« in die Alte Welt zurückführen. Kleists Text deutet an, daß ein Beschluß im eigentlichen Sinne damit aber noch gar nicht gefällt ist. In eben dem Satz, in dem vom Beschluß die Rede ist, wird, vermittelt über die Doppeldeutigkeit des Wortes »beschließen« ironischerweise gerade sein Aufschub ausgesprochen: »Sie *beschlossen*, [...] daselbst ihr glückliches Leben zu *beschließen*.« Nach dem erneuten Kontakt mit der »Gesellschaft« im zweiten Abschnitt des Textes kommt es dann auch gleich zu einer zweifachen, in sich entgegengesetzten Revision dieses ersten (Pseudo-)Beschlusses. Sie markiert zugleich eine Dissoziation des Paares voneinander. So ist an Jeronimos Vorstoß, von allem Inhaltlichen abgesehen, bemerkenswert, daß er, als wäre nicht ein gemeinsames Vorgehen vereinbart worden, ausdrücklich davon spricht, er gebe »*seinen* Beschluß, sich nach Europa einzuschiffen«, auf.³² Sein Vorhaben, sich der Gnade des Vizekönigs zu unterwerfen, wird von Josephe allerdings nicht unterstützt. Weltklug setzt sie auf eine Strategie, die

BKA II/3,22$_{5f.}$

BKA II/3,21$_{22}$-22$_7$; Herv. v. mir

BKA II/3,28$_{14-16}$; Herv. v. mir

---

29 Vgl. zur Rede vom *infans* Werner Hamacher, *Das Beben der Darstellung*, in: D. W. Wellbery (Hg.), *Positionen der Literaturwissenschaft*. Acht Modellanalysen am Beispiel von Kleists »Das Erdbeben in Chili« (München 1985), 149-173; hier: 171.
30 Dies ist selbstverständlich nur die eine Lesart der Stelle. Die Rede vom »Antlitz«, dem 'Entgegenleuchtenden', und das changierende Personalpronomen erlauben es, sich vorzustellen, das Anweinen könne auch reziprok stattgefunden haben. Kleist hat die Bedeutung dieses Passus in der Umarbeitung zum Text von 1810 dadurch zusätzlich markiert, daß er den Satz vom vorausgehenden (»[...] und reichte ihm, da sie vollendet hatte, den Knaben zum Küssen dar. – «; BKA II/3,20$_{9-11}$) durch einen Gedankenstrich abgesetzt hat.
31 Cf. Norbert Altenhofer, *Der erschütterte Sinn*. Zu Kleists »Erdbeben in Chili«, in: D. W. Wellbery (Hg.), *Positionen der Literaturwissenschaft*, a.a.O. (Anm. 29), 39-53: »Die Macht des Bestehenden tritt den Liebenden nicht nur in der äußerlichen Form institutionalisierter Gewalt und gesellschaftlicher Konvention gegenüber; sie ist in ihnen selbst wirksam.« (47)
32 Anzeige der Dissoziation ist auch, daß Jeronimos Hoffnung syntaktisch auffällig von der Erwähnung Josephes abgetrennt ist: »und daß er Hoffnung habe, (wobei er ihr einen Kuß aufdrückte), mit ihr in Chili zurückzubleiben.« (BKA II/3,28$_{19-21}$) Die Rede vom *Aufdrücken* eines Kusses zu kommentieren, erübrigt sich.

BKA II/3,29₄ verschiedene Rückversicherungen enthält. Mit der merkantilistischen Rede vom »Versöhnungsgeschäft« und dem Vorschlag, anstelle des risikoreichen persönlichen Bittgangs ein »schriftlich[es]« Verfahren zu wählen,[33] ist bereits klargestellt, daß in Josephe dasselbe Prinzip dominiert wie in der Gesellschaft, die das Paar verfolgt. Eben dies spricht der letzte, in sich doppeldeutige, Satz des zweiten Abschnitts, Jeronimo einbegreifend, mit einiger Schärfe aus: »Nach einer kurzen Überlegung gab Jeronimo der Klugheit dieser Maßregel seinen Beifall, führte sie noch ein wenig, die heitern Momente der Zukunft überfliegend, in den Gängen umher, und kehrte mit ihr zur Gesellschaft zurück.« Das Personalpronomen »sie« kann hier nicht nur auf Josephe bezogen werden, sondern ebenso auf die »Maßregel«, deren Befolgung durch Jeronimo »die heitern Momente der Zukunft« (jenseits aller merkantilen Berechnungen und »Geschäft[e]«) zugunsten eines Aufenthalts im Labyrinth der Strategien (»in den Gängen«) nur flüchtig zur Kenntnis nimmt, ja ausläßt (beides Bedeutungen des Wortes »überfliegen«). Mit der »Klugheit dieser Maßregel« kehrt er »zur Gesellschaft« zurück. Klugheit ist die Tugend der Schlangen.[34]

Ebd.

BKA II/3,29₁₀ff.

IV

Gewalt ist ein (Un-)Verhältnis,[35] das das »Erdbeben in Chili« wie auch die anderen Kleistschen Texte nicht nur auf der Ebene der Vorstellungen prägt; Gewalt hat auch in der poetischen Faktur der Texte ihre Spuren, ihre Narben, hinterlassen.[36] Hier 'heilen' zu wollen, wie es das Programm traditioneller Textkritik ist, verfehlte die immanente Logik dieser Gebilde, die mit der technischen Unterscheidung zwischen Unwahrscheinlichkeiten innerhalb des Vorstellungsraumes (welche notiert, aber nicht geändert werden können) und Inkohärenzen innerhalb der Textur, seien sie grammatischer oder anderer Art (die emendiert werden wollen), nicht paktiert. Verallgemeinernd wird man vielleicht sagen können, daß Gewalt in Kleists Werk immer dort dargestellt *und* anzutreffen ist, wo versucht wird, vermittlungslos *hinter* die Trennungen,

---

33 In diesem Zusammenhang ist auf die Doppeldeutigkeit des Ortsnamens »La Conception« hinzuweisen. Das lateinische Wort »conceptio« meint soviel wie »Empfängnis«; es ist aber auch gebräuchlich für die Abfassung juristischer Formeln. Vgl. Hermann Menge, *Langenscheidts Großwörterbuch Lateinisch-Deutsch* (Berlin/München/Zürich ¹⁷1971), 149.
34 Mt. 10,16. — Unter den Bedingungen *nach dem Fall* ist die Klugheit der Schlangen ambivalent. Was Donna Elisabeth Don Fernando »ins Ohr« *zischelt*, hätte (wenn sich nicht der Autor eingemischt hätte) das Desaster, von dem der Schlußabschnitt berichtet, wahrscheinlich verhindern können.
35 Eines der Verhältnislosigkeit.
36 Und vielleicht hat es von daher seine wirkungsästhetische Ratio, daß sich die Edition von Kleists Werken gegenüber einer Front zu behaupten hat, die im Zweifelsfall auch Gewalt brauchen würde.

Scheidungen, *hinter* den Fall, zurückzugreifen. Dabei ist nicht nur zu konstatieren, daß es einen direkten Zusammenhang zwischen den Geschehnissen im Vorstellungsbereich und den poetischen Verfahrensweisen gibt (es ist kaum Zufall, daß das Gewalt brauchende Kohlhaas'sche, auch Congo Hoango'sche Verlangen nach einer *restitutio in integrum* auch die geheime Sehnsucht jeder Textkritik ist); das Umschlagen beider ineinander und damit in den Bereich der Rezeption, durchgängiges Thema aller Arbeiten, die ich für die Beihefte unserer Kleist-Ausgabe geschrieben habe, wird von Kleists Texten noch einmal innerhalb ihrer zum eigentlichen Gegenstand der Reflexion gemacht.

Das zugrundeliegende (und für Kleists Poetik grundlegende) problematische Verhältnis wird im »Erdbeben in Chili« in jener Passage des dritten, bezeichnenderweise mit dem Wort »Inzwischen« beginnenden Abschnitts exponiert, die der sich entwickelnden Schilderung der Greueltaten unmittelbar vorausgeht. Die Kunst ist beim Eintritt der »Gesellschaft« in die »Dominikanerkirche«, den »Dominikanerdom«[37], in dreierlei Gestalt herrschend. Zunächst in der der Musik, wobei bemerkenswert ist, daß Kleists Text in der Schilderung dieses Bezugs den Akzent nicht auf die Komposition oder die Aufführung, sondern auf das Instrument, die Orgel, legt, die »*sich* [...] *mit* musikalischer Pracht hören [ließ]«. Charakteristisch ist dabei ein Doppeltes. Einmal verfügt das Instrument über die elementare Gewalt, »eine unermeßliche Menschenmenge« in seine Hervorbringungen einzubeziehen, über die »ganze Versammlung« *überzugreifen*: Die Doppeldeutigkeit der Partikel »darin« läßt die Lesart zu, die »Menschenmenge« woge nicht nur in der »Kirche der Dominikaner«, sondern auch in der »musikalischen Pracht«, mit der das Instrument vernehmbar wird. Daß von »wogen« gesprochen wird, ist insofern von Bedeutung, als dieses Wort die Bewegung der Menge an das unsichere Element des Wassers zurückbindet, das die Metaphorik des dritten Abschnitts insgesamt beherrscht, und seinerseits dann auch nicht mehr, sei es auch von einem plötzlich herbeieilenden »Marine-Officier«[38] beherrscht werden kann.[39] Die Gewalt der Orgel, der indirekt sprachliche Fähigkeiten zuge-

BKA II/3,31$_{16}$

BKA II/3,32$_{3f.}$ u.ö.; 29$_{21f.}$
BKA II/3,34$_1$

BKA II/3,33$_{4-6}$; Herv. v. mir

BKA II/3,33$_6$

BKA II/3,33$_{20}$
BKA II/3,33$_7$

BKA II/3,38$_4$

---

37 Beides ist selbstverständlich nicht dasselbe. Daß Kleists Text der kirchlichen Macht verschiedene Sitze unterschiebt (die Kathedrale ist bekanntlich in »Schutt« versunken, siehe BKA II/3,18$_{16}$), zeigt schon äußerlich, daß die Kirche als ernstzunehmender Kandidat von Versöhnung nicht in Frage kommt.
38 Diese Gestalt ist in Kleists Text nur eingeführt, um das zu zeigen. Man sieht die Drähte: Vorrang der poetischen Logik vor den Ansprüchen auf psychologische Wahrscheinlichkeit.
39 Das Meer ist der Un-Ort des Übergangs, eigentlicher Zwischenbereich zwischen Neuer und Alter Welt, St. Jago hier und St. Jago dort.

schrieben werden,[40] erstreckt sich, zweitens, auch noch über das Andere zur »musikalischen Pracht«, *ihr* Anderes: »und Stille herrschte, *da* die Orgel jetzt schwieg« — näher so, daß es den Anschein hat, als habe das Instrument in seinem Übergriff auch noch die Möglichkeit menschlicher Verlautbarung absorbiert: »und Stille herrschte, da die Orgel jetzt schwieg, in der ganzen Versammlung, *als hätte keiner einen Laut in der Brust*«.

BKA II/3,33$_{18f.}$; Herv. v. mir

BKA II/3,33$_{19ff.}$; Herv. v. mir

Der Übergriff der Kunst auf ihr Anderes, das menschliche Leben, ist, mit spezifischer Differenz, auch anzutreffen in der Schilderung der zweiten Gestalt, in der die Kunst in diesem Abschnitt begegnet: der Malerei (genauer: »der Gemählde«). Bei der Interpretation des Satzes, der ihr gewidmet ist, hat man darauf zu achten, daß die Syntax sich um einen Wendungspunkt gruppiert, um den herum Bedeutung *anschießt* (sich auskristallisiert).[41] Der Satz beginnt mit dem Hinweis auf das »Gedränge«, das sich »bis weit vor den Portalen auf den Vorplatz der Kirche hinaus [erstreckte]«. Dessen Bewegtheit überschreitet zunächst die Beschränkungen der Horizontalen und erstreckt sich auch noch — in diesem Kolon wird die Semantik kippen — »an den Wänden hoch, in den Rahmen der Gemählde«. Das Kontinuum der chaotischen Bewegung der Masse ist für einen Augenblick — einen Schnappschuß — stillgestellt, eingefroren. Es mündet ein in *den* Rahmen, die äußere Form, »der Gemählde«.

BKA II/3,33$_{10}$

BKA II/3,33$_{7ff.}$

Ebd., 33$_{9f.}$

Mit dem Übergang zum folgenden Kolon werden die beiden vorhergehenden Kola aus ihrem syntaktischen Bezug, der sich nun erst als vorläufiger zeigt, gelöst. Der Text etabliert *on the fly* eine neue Semantik, die — und dies ist, genau betrachtet, bereits eine Weise der poetischen Darstellung der Differenz von Poesie und Malerei — den Rahmen der zuvor definitiv scheinenden Syntax sprengt. Mit der syntaktischen Umgruppierung kippt zugleich die dynamische Aufwärtsbewegung von unten nach oben um in einen statischen Zustand, der der Schwerkraft unterworfen ist (»hingen«). Daß es ausgerechnet »Knaben« sind, die am Ende des Einzugs »in den Rahmen der Gemählde« hängen, reflektiert die Verlaufsform und den Endpunkt von Kleists Text insofern, als es auch zwei Knaben sind, die am Ende das stoffliche Zentrum dieses Textes dominieren.[42] Wenn es von den Knaben in der Kirche heißt, sie »hielten mit erwartungsvollen Blicken ihre Müt-

BKA II/3,33$_{11}$

Vgl. *BKA* II/3,17$_{13}$; 18$_{11}$; 20$_{10}$

---

40 Nur wer sprechen kann, kann schweigen (vgl. BKA II/3,33$_{19}$).

41 Bedeutung ist also nicht etwa jenseits dieses Prozesses 'vorhanden'.

42 Man wird wahrscheinlich sogar das Wort »hingen« noch als *ambigue* auffassen können. Beginnt doch der Text mit dem Versuch Jeronimos, sich zu »erhenken« (BKA II/3,7$_{10}$).

zen in der Hand«, blickt dieses Kolon gewissermaßen selbst in zweierlei Richtung. Textintern bezieht sich die Beschreibung naheliegenderweise auf die als Zeichen der Ehrfurcht zu deutende Entblößung des Kopfes angesichts der zu erwartenden Zeremonie; in der reflexiven Bewegung dieses Passus auf die immanente Poetik des Textes indes gelten die den Bildrahmen, die ästhetische Grenze, transzendierenden »erwartungsvollen Blicke« dem Betrachter (Leser) der Bilder; die »Mützen in der Hand« der Knaben aber sind die der Kunst, über die man »immer gesagt [hat], daß sie betteln geht«.[43]

BKA II/3,33$_{11f.}$

Die dritte, komplexeste, Gestalt, in der die Kunst zu Beginn des letzten Abschnitts auftritt, ist die der Fensterrose. Nach vier Kola, die sich auf bewegte Lichterscheinungen im Innenraum der Kirche beziehen,[44] folgt das in mehrfacher Hinsicht bemerkenswerte Notat: »die große von gefärbtem Glas gearbeitete Rose in der Kirche äußerstem Hintergrunde glühte, wie die Abendsonne selbst, die sie erleuchtete«. Auffällig ist hieran bereits die Lokalisation der »Rose«. Daß ihr Ort in der sprachlichen Form einer Genitivinversion genannt wird, setzt den Akzent auf die Rede vom »äußersten Hintergrunde«. Der Effekt ist ein doppelter. Zum einen oszilliert das Wort »Kirche« *vor diesem Hintergrund* zwischen seiner konkreten und abstrakten Bedeutung. Was immer über die spezifische »Rose« gesagt wird, wird auf diese Weise zugleich über die Gehalte gesagt, die der Kirche überhaupt (i.e. als Institution, möglicherweise als Hoffnung) zugrundeliegen. Andererseits wird im Verhältnis zum impliziten Betrachter die extremste Distanz innerhalb des Innenraums, dessen entfernteste Grenze, betont. Ein virtuelles Jenseits, ein Draußen, ist, Hegel hat Recht, gleichwohl auch mit dieser Grenze gesetzt.

BKA II/3,33$_{15ff.}$

Das auffälligste Merkmal der Lokalisation ist damit allerdings noch nicht berührt: Kleists Text sagt ausdrücklich, es sei die »Abendsonne«, die die Rose erleuchtet. Diese Bestimmung, die die »Rose« in Übereinstimmung mit der traditionellen Kirchenarchitektur im Westen, also oberhalb des Kirchenportals, ortet, verträgt sich jedoch nicht mit der Angabe, die Rose glühe in der »Kirche äußerstem

BKA II/3,33$_{10}$

---

43 Brief an Rühle von Lilienstern, Königsberg, wahrscheinlich November 1805.
44 Das Kolon »Von allen Kronleuchtern strahlte es herab« ist dabei zunächst im Anschluß an die Rede von den »Blicken« (i.e. Blitzen) der Knaben zu lesen.

Hintergrunde«[45] — und das hat die Folge, daß sich die stabilisierten Rahmen der alltäglichen Weltorientierung auch hier auflösen. Die gemeinte, die vorgestellte »Rose« wird ortlos.

An dieser Ortlosigkeit manifestiert sich der utopische Charakter der »Rose«. Daß Kleists Text nicht von einer »*Fenster*rose« spricht, sondern das Simplex »Rose« direkt hinter das alliterativ vom Satz stark betonte[46] Partizip »gearbeitete« setzt, konstelliert jedoch schon für sich einen utopischen Fluchtpunkt, in dem Resultat absichtsvoller menschlicher Arbeit und absichtslos sich selbst hervorbringendes Naturprodukt zu koinzidieren scheinen. Darüber hinaus ist an dieser »Rose« eine in sich differenzierte Lichterscheinung wahrzunehmen: Die »Rose«, so heißt es, »glühte, wie die Abendsonne selbst, die sie erleuchtete«. *Prima vista* ist die *zwischen* Natur und Kunst, *zwischen* Innen und Außen eingefügte »Rose« ein diaphanes Medium, das für sich zwar auch schon als Moment der Architektonik in der Fläche wirkt, dessen eigentlich ästhetische Kraft sich aber erst manifestiert, wenn das Sonnenlicht durch die Verästelungen ihrer Struktur durch- und hindurchbricht. An der Beschreibung, die Kleists Text hiervon gibt, fällt auf, daß sie, sieht man von dem Hinweis auf das Glas ab, alle Referenzen auf die Materialität der tragenden Struktur tilgt: Von den steinernen Gelenken des Maßwerks,[47] in das bei Fensterrosen das »gefärbte Glas« eingepaßt ist, ist nicht die Rede. Es ist, als habe die Erscheinung des Lichts an der »Rose« alle Spuren hiervon überblendet.

BKA II/3,33$_{17f.}$

Im Verhältnis dessen, was hinter der »Rose«, durch sie hindurch, zur Erscheinung kommt, zu dem diaphanen Medium lassen sich drei Gesichtspunkte markieren. Oberflächlich betrachtet hebt Kleists Text das Moment der Identität hervor (die Rose »glühte, wie die Abendsonne *selbst*«). Aus dieser Perspektive ist die Differenz zwischen dem mannigfach in sich gegliederten Medium und dem Ei-

---

45 Zwei Formen der Beschwichtigung (vgl. oben S. 7) sind hier denkbar: Einmal kann man auf den Gedanken kommen, es müsse sich hier um ein Bauwerk mit einer von der Tradition völlig abweichenden Architektur handeln (und vielleicht mag es Forscher geben, deren materialistische Verzweiflung über den Text an dieser Stelle so groß ist, daß sie eher noch den hinterletzten Winkel der Welt aufsuchen würden, um ein solches Bauwerk aufzuspüren, als daß sie zugäben, es sei *objektiv* im Text etwas nicht geheuer). Zum anderen kann man die Perspektive so ansetzen, daß der Text gewissermaßen *vom Hauptaltar aus* seine Orientierungen (und Okzidentierungen) vornimmt. Diese Variante verließe den Mechanismus der Beschwichtigung, wenn sie zugleich anerkennte, daß die Perspektiven, aus denen heraus erzählt wird, *sich verändern* — womit eingeräumt und zugleich realisiert wäre, daß es sich bei dem vorliegenden in der Tat um einen poetischen Text handelt, nicht um eine nachträgliche Bebilderung einer vermeintlich (sprachlos und unpoëtisch) vorgegebenen Wirklichkeit.
46 »die große, von gefärbtem Glas gearbeitete Rose [...] glühte« (Herv. v. mir)
47 Zu Begriff und Geschichte der Fensterrose vgl. Wiltrud Mersmann, *Rosenfenster und Himmelskreise* (Mittenwald 1982); Artikel »Fensterrose« in: *Lexikon der Kunst*, Bd. 2 (Leipzig 1989), 485f.

nen, was durch dieses Medium hindurch sich manifestiert, zugunsten einer Akzentuierung der Einheit beider gewissermaßen in den »äußersten Hintergrund« gerückt. Was 'hinter' dem diaphanen Medium liegt, scheint im Medium selbst vollständig präsent zu sein (womit das Medium *de facto* aufhört, Medium zu sein). Andererseits kehrt der Text durch die explizite Hervorkehrung des »Vergleichen[s] eines Dritten«[48] (»*wie* die Abendsonne selbst«) gerade die Differenz von Vorder- und Hintergrund hervor, die nur im Verhältnis zum Glühen und dem betrachtenden Bewußtsein, nicht realiter, Eines sind. Drittens aber ist das Kolon: »die sie erleuchtete« im entfalteten Verhältnis nicht mehr nur so zu lesen, daß mit ihm die Erleuchtung der »Rose« durch die »Abendsonne«, sondern auch umgekehrt die Erleuchtung der Sonne durch das Licht jener ausgesprochen ist. An ihm *geschieht* selbst sprachlich somit das, was »seinen eigentlichen Inhalt ausmachen soll«:[49] Erleuchtetes und Erleuchtendes sind, vermittelt über die Sprache dieses Kolons, so different wie identisch, so koinzident wie auseinanderfallend.

Es fällt nicht schwer, von hier aus die allgemeinen Bezüge zu entfalten, die zwischen dieser komplexen Struktur und dem im Mittelpunkt der Kleistschen Texte stehenden Problem personaler Mitteilung bestehen. Wird am Bild der Orgel primär das wirkungsästhetische Moment der Kunst, in dem Passus von den »Knaben« »in den Rahmen der Gemählde« der Ein(be)zug der sogenannten realen Welt in die Stoffschicht des Kunstwerks zur Darstellung gebracht, so gibt das ausgeführte Bild der »Rose« eine Anschauung des Verhältnisses von Autor und Kunstprodukt. Das immaterielle Lichterspiel der »von gefärbtem Glas gearbeitete[n] Rose« dürfte dabei auf die vom Kunstwerk hervorgerufenen Vorstellungen zu beziehen sein, die — im Falle poetischer Texte — von der Wahrnehmung zwischen den auf den ersten Blick immer wieder übersehenen Maßwerken der syntaktischen Gelenke und Verästelungen ausgemacht werden. Das im Wortsinn Fragwürdige an Kleists Bild ist, daß es sich an den Anschein hält, auf der Ebene des Textes, der bekanntlich in einer Hinsicht nur »words, just words« (oder, im französischen Dialekt gesprochen: die Differenzialität der Signifikantenkette) enthält, sei dasjenige präsent, was, verschieden (different und *de-functus*) vom Text, durch ihn hindurch und dabei die der Rezeption zugewandte Oberfläche durchkreuzend,

---

48 Georg Wilhelm Friedrich Hegel, *Wissenschaft der Logik*, hg. v. Georg Lasson, 2 Bde. (Hamburg 1932), I 105; vgl. ebd. II 36. Ausgesprochen ist in dieser Formulierung sowohl das Dritte, *mit dem* die beiden Differenten verglichen werden (ein Gegenstand, ein Sachverhalt etc.), als auch das Dritte des vergleichenden Bewußtseins, *in dem* dies geschieht.
49 Hegel, *Wissenschaft der Logik*, ebd., I 76.

zur Sprache kommt: die Stimme desjenigen, der sich in den Text hinein — und hier ist dieses Dialektwort angebracht — eingeschrieben hat.[50] Dieser *Anschein*[51] führt ein utopisches Moment mit sich, insofern er die Hoffnung aufbehält, im Skelett, auch im Fleisch, der künstlerischen Äußerung könne gleichwohl, über den faktischen Tod dessen, der *sich* in ihr geäußert hat, zugleich über die Scheidung von Sein und Bedeutung hinaus, eine Gegenwart der Person denkbar und glaubhaft bleiben. Auszumachen ist hierüber letztlich nichts; schon deshalb nicht, weil die Wahrnehmung der Person selbst immer nur eine personale, nicht verallgemeinerbare, ist (»Der *für dich* immer wieder zu gewinnende Glaube, daß das möglich ist.«). Daß die »Rose« in »der Kirche äußersten Hintergrunde« glüht, wird von hier aus, jenseits aller räumlichen Orientierungen, noch einmal sprechend. Der Tag von Josephes Niederkunft ist Fronleichnam.[52]

Worin die »Rose« und die »Abendsonne« übereinkommen, ist — und hierin besteht, als Kontrapost des Utopischen, das Bedrohliche des Kleistschen Bildes —: sie glühen. Wenn man die Semantik dieses Verbums dahingehend umschreiben kann, daß dieses Wort »von solchen von dem Feuer durchdrungenen Körpern gebraucht wird, welche eine starke Hitze und Licht von sich geben, ohne in eine Flamme auszubrechen; oder wo das Feuer auf der Oberfläche der Körper sichtbar wird, ohne in eine Flamme auszubrechen«,[53] so ist am Bild der »Rose« mit der größten Intensität des durchdringenden[54] Leuchtens zugleich die Möglichkeit von gewaltsamer Vernichtung appräsentiert (im folgenden Satz wird denn auch gleich, in den Untertönen das kommende Desaster vorwegnehmend, von der »gen Himmel« schlagenden »*Flamme* der Inbrunst« die Rede sein). Wirklich ist Vernichtung überall dort, wo die in sich differenzierten Bezüge von Identität und Differenz, die an der Beschreibung der »Rose« zu entwickeln

BKA II/3,33$_{22f.}$; Herv. v. mir

---

50 Vgl. den bei anderer Gelegenheit (»*Im Geklüfft*«, a.a.O. [Anm. 1], 26 Fn. 83) schon einmal zitierten Brief Kleists an Friedrich de la Motte Fouqué vom 25. April 1811: »Was schenken Sie uns denn für diese Messe? Wie gerne empfinge ich es von *Ihnen selbst,* liebster Fouqué; ich meine, von ihren Lippen, an Ihrem Schreibtisch, in der Umringung Ihrer theuren Familie! Denn die Erscheinung, die am meisten, bei der Betrachtung eines Kunstwerks, rührt, ist, dünkt mich, nicht das Werk selbst, sondern die Eigenthümlichkeit des Geistes, der es hervorbrachte, und der sich, in unbewußter Freiheit und Lieblichkeit darin entfaltet.« (Hervorhebung stammt von Kleist.)
51 Unter 'Anschein' verstehe ich das unentscheidbare Zugleich von bloßem Schein und Erscheinung. Vgl. R. R.,

»*Die Verlobung in St. Domingo*« — *eine Einführung in Kleists Erzählen,* in: BKA II/4, Berliner Kleist-Blätter 1 (Basel/Frankfurt am Main 1988), 3-45; hier: 36f.
52 Es ist auffallend, daß in dem anderen Text Kleists, der eine Fensterrose erwähnt, in der »heiligen Cäcilie«, das Fronleichnamsfest ebenfalls als Datum fungiert.
53 Johann Christoph Adelung, *Grammatisch-kritisches Wörterbuch der Hochdeutschen Mundart,* a.a.O. (Anm. 17), II Sp. 734.
54 Zur mehrfachen Lesbarkeit der Rede vom *Durchdringen* im Schlußvers von Kleists »Amphitryon« vgl. R. R., »*... daß man's mit Fingern läse, /*«. Zu Kleists »Amphitryon«, in: BKA I/4, Berliner Kleist-Blätter 4 (Basel/Frankfurt am Main 1991), 3-26; hier: 24.

waren, zugunsten eines einfachen, auf simple Einheit reduzierten Verhältnisses preisgegeben werden.

V

Kleists »Das Erdbeben in Chili« entfaltet seine Poetik nicht allein, ja nicht einmal vorwiegend, anhand expliziter Referenzen auf die Kunst (wenngleich sich die Reflexion an solchen Stellen zu konzentrieren scheint). Mindestens ebensogroße Aufmerksamkeit verdienen die, teilweise weit ins 20. Jahrhundert vorausgreifenden, technischen Verfahren, mit denen dieser Text auf je verschiedene Weise und auf unterschiedlichsten Ebenen das Problematische seines eigenen Status, Gemachtes zu sein und doch den Anschein eines Lebendigen zu haben, hervorkehrt. Das Beispiel, mit dem mein Aufsatz seinen Anfang machte, war hierfür insofern besonders sprechend, als die gewaltsame Störung der grammatischen Struktur die sprachlichen Gelenke anläßlich einer Bewegung im Vorstellungsbereich bloßlegte, deren Ausrichtung eindeutig auf die Eine Quelle bezogen war, in und an der prospektiv alle Entgegensetzung getilgt zu sein schien. Die Gewaltsamkeit des sprachlichen Eingriffs exponierte an genau dieser Stelle die Faktur des Textes *als Faktur* und verhinderte durch diese Intervention, daß die Vorstellung bei den farbigen Lichterscheinungen dieses Passus (»Indessen war die schönste Nacht herabgestiegen, voll wundermilden Duftes, so silberglänzend und still, wie nur ein Dichter davon träumen mag.«[55] etc.) unirritiert verweilen konnte. In dem Maße, in dem die nackte Materialität der sprachlichen Arbeit am Text hervortritt, das Räderwerk der vorstellungserzeugenden Maschine, erweist sich der Text als diaphan — nicht primär auf das 'Gemeinte' hin, sondern auf das virtuelle (im Doppelsinn dieses Wortes:) *unvorgreifliche* Zentrum der sprachlichen Äußerung, die Person Heinrich von Kleist(s) mit Geburts- und Sterbedatum. Daß dessen Präsenz aus (in) der Störung nicht ableitbar ist (textkritisch gesprochen: eine Emendation immer denkbar bleibt), gehört zu den Versagungen wie auch zu den Vorzügen der Kleistschen Texte. Sie macht ihr nachdenkenswertes Problem aus. Die *Möglichkeit*, so etwas wie die Gegenwart eines Sprechenden durch den Text, die Schrift, hindurch wahrzunehmen, bleibt gleichwohl einzuräumen und offenzuhalten —: Verantwortung auch der Edition.

BKA II/3,20$_{15}$ff.

---

55 Eine Formulierung, die mit dem Scheincharakter des Textes spielt.

In den Zusammenhang der Ausstellung des sprachlichen Materials reicht auch das abstrakte Kannibalenspiel mit den Knöchelchen[56] der Buchstaben, die Anagrammatik. Im »Findling« (Nicolo/Colino[57]), der »Verlobung in St. Domingo« (Gustav/August) und dem »Griffel Gottes« aus den »Berliner Abendblättern« wird es ostentativ (im Falle der »Verlobung in St. Domingo« sogar gewaltsam) zur Schau gestellt. Das »Erdbeben in Chili« begleitet es eher unauffällig von der ersten Seite an: Die Namen Rugera (Guerra[58]) und Asteron (Anteros[59]) stehen in anagrammatischen Bezügen, die aufzufinden in der Originalausgabe (ihr folgend auch in der BKA[60]) durch die Vereinzelung der Buchstaben qua Sperrung erleichtert wird. Die Bedeutung dieser Anagramme liegt weniger in ihrer semantischen Einlösung in Textsinn, als (a) in der Demonstration des Buchstabenspiels selbst, das sich, in materieller Hinsicht, noch in jedem Text findet (der Graph F in »Graf«;[61] und (b) in der Erzeugung der für jede Lektüre poetischer Texte zu kultivierenden Ungewißheit darüber, ob es sich um ein tatsächlich konstruktiv in die Texte eingelassenes Phänomen oder nur um ein Epiphänomen der betrachtenden Phantasie des Lesers bzw. einen Nebeneffekt jeder schriftlichen Aufzeichnung handelt.

Daß an den Namen in Kleists »Erdbeben in Chili« anagrammatische Transformationen wahrzunehmen sind, hat gerade in diesem Text seine besondere Bedeutung. Die Exposition einer literarisch-mechanistischen Technik wie der anagrammatischen Permutation der Buchstaben an den Eigennamen ist ein Symptom, an dem das äußerliche[62] Verhältnis des Autors zu den von ihm konzipierten Personen abzulesen ist (und abzulesen sein soll). Der Anagrammatismus ist auf die Äußerlichkeit dieses Verhältnisses jedoch keineswegs der einzige Hinweis. Bereits die gar nicht befremdlich genug aufzunehmende Tatsache, daß nahezu alle Namen für Personen und Orte entweder direkt dem Heiligenkalender entlehnt und in diesem Sinne mehr oder weniger funktionalisiert sind oder aber die Krücke des allegorisch Sprechenden mit sich führen, kehrt die setzende Gewalt dessen, der den Text geschrieben hat, hervor. Der Akt der literarischen Namenstaufe wird zudem vom Au-

---

56 Im »Findling« ist ausdrücklich von »elfenbeinernen Buchstaben« die Rede.
57 Hier auch das Anagramm Tartini/Trinita (wie Ingeborg Harms zu entwickeln wußte).
58 Freundlicher Hinweis von Willy Bissinger (Berlin), einem der aufmerksamsten Leser der Kleistschen Texte.
59 Im Sinne des Platonischen *Phaidros* (255d), aber auch im Sinne jenes Gottes, der sich dem Eros feindlich zeigt (Pausanias 6,23,5). Vgl. H. G. Liddell, R. Scott, *A Greek-English Lexicon*. With a Supplement ed. by E. A. Barber, M. L. West (Oxford ^{9}1968, rev. by H. Stuart-Jones), 152.
60 Die Praxis aller gängigen Kleistausgaben, Sperrungen durch Kursivierungen zu ersetzen, mag (da zugleich Fraktur in Antiqua transformiert wird) äußerliche ästhetische Gründe haben (T s c h i c h o l d !). Der Ästhetik der Texte selbst ist sie unangemessen.
61 Cum auctor (caníbal) calculat, fit textus.
62 Dieses Wort nicht im abwertenden Sinne gebraucht.

tor des Textes mehrfach so ostentativ vollzogen, daß er zugleich zu einer Demonstration seiner textinternen Funktionalität gerät. Personen erhalten ihren Namen nicht selten erst, wenn es sich gar nicht mehr vermeiden läßt. Spät und wie nebenbei wird das Kind von Jeronimo und Josephe vom Text benannt. Bis der Name des Sohnes von Donna Elvire und Don Fernando dann dem Leser mitgeteilt wird, vergehen einige Seiten, auf denen der Knabe anonym bleibt.[63] Am deutlichsten phasenverschoben aber sind Einführung und Taufe der Person im Falle von Donna Constanze, die zunächst ausschließlich funktional unter dem Oberbegriff: »Schwägerinnen« Don Fernandos, bestimmt wird, erst zehn Seiten darauf Titel und Vornamen und weitere acht Seiten später, ironischerweise posthum, nach »einem zweiten Keulenschlag«, den schönen, zwischen Charis und Ares schwankenden Nachnamen »Xares« zugewiesen bekommt: »Ungeheuer! rief ein Unbekannter: dies *war* Donna Constanze Xares!« Der Augenblick ihrer vollständigen Benennung setzt die »Zubodenstreckung« voraus, ist aus anderer Warte betrachtet, mit ihr vielleicht sogar identisch.[64]

BKA II/3,19$_{21}$

BKA II/3,37$_{12}$

BKA II/3,23$_{20}$

BKA II/3,32$_2$
BKA II/3,40$_6$

BKA II/3,40$_9$; Herv. v. mir

BKA II/3,11$_{18}$; vgl. ebd. 40$_3$

Man wird diese Eigentümlichkeiten des Kleistschen Textes ebensowenig als kontingent buchen können wie die von der Forschung jüngst beobachtete[65] Tatsache, daß gegen Ende des Textes zunehmend das Gesetz der Substitution über alle Formen der fiktionalen Individuation herrscht, Knaben sowie Mütter und Väter jenseits aller Grenzen der Wahrscheinlichkeit einfach ausgetauscht werden können; Figuren wie Jeronimo, Josephe oder Elvire vom Text im Stich gelassen werden. Es handelt sich hierbei nicht einfach, wie früher immer wieder zu lesen, um Schwächen der sogenannten psychologischen Handlungsführung. Vielmehr läßt der Text hier in direkter Wendung gegen die Erwartungshaltung konventioneller Erzählungsleser die Drähte sehen, an denen die Figuren wie Marionetten hängen. Und indem das scheinhaft Lebendige der Kunstfiguren bloßgestellt wird, zeigt sich der Text als Maske (Person) des Autors — mit der durchscheinenden und von der Lektüre immer wieder freizuhaltenden Möglichkeit, daß Kleist, er selbst, nicht 'Kleist', in der Negativität des Ent-

---

63 Man könnte auch sagen: auf denen sein Name dem Leser verschwiegen wird; oder auch: auf denen der Leser gespannt darauf warten muß, wie der Autor die betreffende Person nennen wird.
64 Vgl. hierzu Hamacher, *Das Beben der Darstellung,* a.a.O. (Anm. 29), 190 Anm. 20.

65 Vgl. David E. Wellbery, *Semiotische Anmerkungen zu Kleists »Das Erdbeben in Chili«,* in: ders. (Hg.), Positionen der Literaturwissenschaft, a.a.O. (Anm. 29), 69-87, und Norbert Altenhofer, *Der erschütterte Sinn,* a.a.O. (Anm. 31).

zugs wahrnehmbar, präsent und gegenwärtig sein möge.⁶⁶ Eine Totenbeschwörung?

Zum kritisch-reflektierten Umgang des Kleistschen Textes mit dem Fortgang des Erzählten und den stabilisierten Erwartungen der Leser, vielleicht überhaupt zum Erstaunlichsten dieses Textes, gehört schließlich, daß die Greueltaten des letzten Abschnitts auf der Ebene des Erzählten *BKA II/3,38₁₈; Herv. v. mir* durch eine Person initiiert (»ange*zett*elt«) werden, die — nachdem die Reflexion durch ein Unendliches gegangen ist —, als Marionette des Autors (*genitivus subjectivus* *BKA II/3,37₃* und *objectivus*) gelesen werden kann. »Meister Pedrillo«, *BKA II/3,36₁₅ff.* »ein Schuhflicker, der für Josephen gearbeitet hatte, und diese wenigstens so genau kannte, als ihre kleinen Füße«, ist textintern jene Gestalt, in der Kleists Text dem konstruktiven zugleich und zerstörerischen Umgang des Autors mit den Gestalten seiner Phantasie Anschauung zu verleihen sucht. Daß es sich bei ihr um einen »Schuhflicker« handelt, ist poetologisch in verschiedener Hinsicht aufschlußreich. Zunächst enthält die Charakterisierung unübersehbar eine Selbstrelativierung und Abwertung:⁶⁷ »Schuhflicker« sind »eine Art Schuster, welche nur allein zerrissene Schuhe ausbessern, und höchstens aus altem Leder neue verfertigen«.⁶⁸ Von dieser Bestimmung eröffnet sich darüber hinaus jedoch ein genauer Bezug zu *BKA II/3,34₁₆f.* jenem »Riß, den der Dom erhalten hatte«⁶⁹ — als könne sich die Kunst heilend um die Kluft kümmern, die in dem Bauwerk der Hauptkirche zutagegetreten ist.⁷⁰ Desgleichen ist in der Gestalt des »Schuhflickers« mitgesetzt, daß sich der »Altmeister«⁷¹ bei seinen Anstrengungen, durch »Aufsetzung eines Fleckens oder Flickens aus[zu]bessern, wieder ganz [zu] machen«,⁷² keiner neuer Materialien,

---

66 Vielleicht am deutlichsten wahrzunehmen im letzten Satz der Erzählung: »Don Fernando und Donna Elvire nahmen hierauf den kleinen Fremdling zum Pflegesohn an; und wenn Don Fernando Philippen mit Juan verglich, und wie er beide erworben hatte, so war es ihm fast, als müßt er sich freuen.« (BKA II/3,43₁ff.) Das Gerissene an diesem Satz ist, daß er die Kapitulation aller psychologischen Interpretamente des Lesers herbeiführt, indem das Wissen des Autors über die Person (und die Psyche) Don Fernandos durch Wortwahl (»erworben« [!]) und Vorbehaltsklauseln (»fast, als müßt«) dem Leser gegenüber *als schlechterdings entzogen dargestellt wird*. Anders und in eine andere Perspektive gesprochen: Der Schlußsatz *bedeutet (i.e. zeigt auf)* den Autor.
67 »Zur Schuhflickerey braucht es doch wohl kein sonderliches ingenium«, schreibt Wieland (vgl. *Deutsches Wörterbuch* von Jacob und Wilhelm Grimm, 16 Bde. (Leipzig 1854/1960), IX (1899), Sp.1857).

68 So Johann Christoph Adelung, *Grammatisch-kritisches Wörterbuch der Hochdeutschen Mundart*, a.a.O. (Anm. 17), III Sp.1672.
69 Wobei im Zuge der zugrundeliegenden Allegorese der Dom den Riß nicht nur — »erhalten« ist ein *ambiges* Wort — bekommen hat; er hat ihn auch, als Zeichen einer von unten nach oben ziehenden Erschütterung *konserviert*.
70 Vgl. hierzu R. R., *»Die Verlobung in St. Domingo«* — *eine Einführung in Kleists Erzählen*, a.a.O. (Anm. 51), 22f.
71 Eine andere Bezeichnung des Schuhflickers. Siehe Johann Christoph Adelung, *Grammatisch-kritisches Wörterbuch der Hochdeutschen Mundart*, a.a.O. (Anm. 17), III Sp.1672.
72 Ebd., s.v. flicken, II Sp. 204; das Verb »flicken« hat übrigens den Gegensinn der Urworte: »Im entgegen gesetzten Verstande, in Flecken oder Stücke reißen, schlagen brechen« (ebd.). Anzutreffen ist diese Verwendung beispielsweise in der Redensart, jemandem werde am Zeug geflickt.

sondern solcher bedient, die schon vorliegen; ein Zug, der in der Reflexion des Textes auf sich selbst nicht nur der Verwendung von Lexikon und Grammatik der Umgangssprache gilt (Alles, was geschrieben steht, *words, just words,* findet sich *materialiter* bei Adelung), sondern besonders jene Passagen von Kleists Text einholt, die den sprachlichen Formelschatz der religiösen und literarischen Überlieferung ausbeuten. Und schließlich ist vielleicht nicht unwichtig, daß die Semantik des Wortes »Schuh« sich nicht darin erschöpft, »die mit einer festen Sohle versehene Bekleidung des untern menschlichen Fußes bis an die Knöchel [bis an die Knöchel!]« zu meinen;[73] »Schuh« heißt auch — etwa im Wort »Handschuh« — eine »jede Bekleidung oder Bedeckung, besonders des äußersten Theiles eines Dinges, so fern selbige eine hohle Gestalt hat, und aus einer etwas festern Materie bestehet«.[74] Bestimmung der Maske(,) der Außenseite des Textes.

Die Akte der Gewalt, die der »Schuhflicker« verübt, sind ebensoviele Bilder der destruktiven Tendenz des Textes in Beziehung auf die Personage und Figuration der farbigen Anschauungsfläche. »Meister Pedrillo«, »der Fürst der satanischen Rotte«, der »Nichtswürdige[...], [...], der den ganzen Aufruhr angezettelt hat«, schlägt Josephe »mit der Keule nieder« und will, »mit noch ungesättigter Mordlust«, ihr auch noch »den Bastard zur Hölle nach[schikken]«. Er »ruhte nicht eher«, so Kleists Text weiter, »als bis er der Kinder Eines [welches, ist hier offenbar gleichgültig] bei den Beinen von seiner [i.e. Don Fernandos, vielleicht nicht nur seiner] Brust gerissen, und, hochher im Kreise geschwungen [Bild der »Rose«], an eines Kirchpfeilers Ecke zerschmettert hatte.« Daß die rasende Zerstörungssucht Pedrillos in ein Bild faßt (und dies sogleich mitzerstört), wie der Autor dieses Textes den Scheincharakter der Kunst zu destruieren und damit durchsichtig zu machen sucht, geht aus der einzigen Rechtfertigung hervor, zu der sich der »Schuhflicker« provozieren läßt. Seine Worte sind, ohne Fragezeichen: »Warum belogen sie uns!« Kleists Text, vielleicht Kleist, versteht, wer versteht, daß hier quer zur Ebene des Erzählten, sie durchkreuzend, ein WIR artikuliert ist, das, jenseits aller Kunst und Poetik, DICH und MICH, hinter und vor der Schrift, an- und auszusprechen vermag.

BKA II/3,41$_{12f.}$
BKA II/3,38$_{17-19}$
BKA II/3,41$_{2}$
BKA II/3,41$_{3f.}$

BKA II/3,41$_{14ff.}$

BKA II/3,40$_{10}$

---

73 Ebd., s.v. Schuh, III Sp.1671.
74 Ebd.

Neutrum, menschenlos:
BKA II/3,41₁₈f. »*Hierauf ward es still, und Alles entfernte sich.*«

Peter Staengle
Fräulein von Zenge nebst Kleist, Krug, Tasse und Bild

Die folgende Dokumentation, deren Material während der Arbeit an den Briefbänden und -kommentaren der BKA recherchiert worden ist, präsentiert Kontexte aus Kleists Leben und Nachleben. Im Zeugenstand: die beiden ältesten Töchter der Familie v. Zenge,[1] Wilhelmine und Luise, oder auch — in der funktionalistisch-entpersönlichenden Terminologie der Kleist-Biographik — »Kleists Braut«[2] und die »goldene Schwester«.

Zweck der Dokumentation ist, neben der Darstellung und Erläuterung der Zeugnisse innerhalb eines Zusammenhangs, die Sicherung des überlieferten Materials, um so den Kommentarbänden der BKA, wo immer möglich, Texte in authentischer Gestalt zur Verfügung zu stellen. Vor allem bei den erhalten gebliebenen Handschriften zeigte es sich, daß eine kritische Revision des vermeintlich sattsam Bekannten,[3] sowohl im Hinblick auf Genauigkeit wie auf Vollständigkeit,[4] unerläßlich war.

Seit den Forschungen Paul Hoffmanns, der bei den Nachfahren Wilhelmine und Wilhelm Traugott Krugs Einblick in ungedrucktes Material erhalten und dadurch den Bestand an einschlägigen Zeugnissen letztmals bedeutend ergänzt hatte, stagniert die Erschließung neuer Stücke.[5] Zur Wiederaufnahme der Spurensuche möchte die vorliegende Sammlung beitragen.

Die Anordnung der Texte ist chronologisch, wobei die handschriftlichen Zeugnisse nach ihrer Datierung, ge-

---

1 Cf. Anhang 1 und Kleists *Wunsch am neuen Jahre 1800 für den Gen. und die Gen. v. Zenge*, der »Sieben glücklicher Kinder glückliche Eltern« apostrophiert.
2 Vgl. BIEDERMANN 1884, wo auf dem Titel Kleists Name zweimal genannt wird, Wilhelmine Krug geb. v. Zenge jedoch anonym bleibt. In den Augen ihrer Zeitgenossen war Wilhelmine Krug durch die ominöse Ver- und Entlobung offenbar stigmatisiert, vgl. K. E. Hasse, *Erinnerungen aus meinem Leben* (Leipzig ²1902), 51: »Frau Krug war mit dem unglücklichen Dichter Kleist verlobt gewesen, eine stille Frau, aber wohl unbedeutend, während ihre Schwester, Fräulein [Luise] von Zenge, lebhaften Geistes und anregend in der Unterhaltung sich ergab.«
3 Ein besonders ungünstiges Schicksal schien bisher über Dok. 3 zu walten: die von Martha Krug Genthe (in: The Journal of English and Germanic Philology 6 [1906/07], 432-439) veranstaltete Erstveröffentlichung des Briefes wurde nach Einspruch von Genthe in Bd. 9 (1910), 287-291, in veränderter Form — und abermals unpräzise — erneut publiziert.
4 Cf. Dok. 10; bisher publiziert war der Brief lediglich in der fragmentarisierten Gestalt nach dem Erstdruck: *Von und über Heinrich von Kleist*. Zum 24. Juni 1890 für Reinhold Köhler in Druck gegeben von Wolfgang [i. e. der Sohn von Erich] Schmidt. Op. 1. Berlin. Verlag von Erich & Wally Schmidt. Matthäikirchstraße 8 [unpag.].
5 Gegenüber der jüngsten Ausgabe von Helmut Sembdner, *Heinrich von Kleists Lebensspuren*. Dokumente und Berichte der Zeitgenossen (Frankfurt a. M./Leipzig 1992), ist Dok. 4A hinzugekommen; Dok. 16 ersetzt Zollings zeitlich späteres Zeugnis (*Lebensspuren* Nr. 50b).

druckte Zeugnisse nach dem Publikationstermin eingereiht sind. Überlieferte Handschriften (*Hs.*) werden strikt diplomatisch transkribiert; wo kein Handschriftenoriginal zu ermitteln war, erfolgt die Wiedergabe — entsprechend den in den Textbänden der BKA dargelegten Richtlinien (vgl. II/3,63) — getreu der angegebenen Textvorlage (*T*), die in den meisten Fällen mit der Erstveröffentlichung des Dokuments (*E*) identisch ist; typographische Besonderheiten bei der Hervorhebung in *T* wie z. B. Sperrung, wo in der Handschrift aller Wahrscheinlichkeit nach eine Unterstreichung anzutreffen wäre, oder halbfetter Druck bleiben erhalten.

Kurztitel

BIEDERMANN 1881: Karl Biedermann (Hg.), *Aus Heinrich von Kleists Lebens- und Liebesgeschichte*. Ungedruckte Briefe des Dichters [1. Teil], in: Nord und Süd, Bd. 19 (1881), 85-114.

BIEDERMANN 1882: Karl Biedermann (Hg.), *Aus Heinrich von Kleists Lebens- und Liebesgeschichte*. Ungedruckte Briefe des Dichters [3. Teil], in: Nord und Süd, Bd. 23 (1882), 113-121.

BIEDERMANN 1884: Karl Biedermann (Hg.), *Heinrich von Kleists Briefe an seine Braut* (Breslau 1884).

HOFFMANN 1902: Paul Hoffmann, *König Friedrich Wilhelm III. in Neapel*, in: Hohenzollern-Jahrbuch 6 (1902), 102-114.

HOFFMANN 1903a: Paul Hoffmann, *Ulrike von Kleist über ihren Bruder Heinrich*. Ein Beitrag zur Biographie des Dichters, in: Euphorion 10 (1903), 105-152.

HOFFMANN 1903b: Paul Hoffmann, *Zu den Briefen Heinrichs von Kleist*, in: Studien zur vergleichenden Literaturgeschichte 3 (1903), 332-366.

HOFFMANN 1907/08: Paul Hoffmann, *Wilhelmine von Zenge und Heinrich von Kleist*, in: The Journal of English and Germanic Philology, 7 (1907/08), 99-118.

ROTHE: Eva Rothe, *Die Bildnisse Heinrich von Kleists*. Mit neuen Dokumenten zu Kleists Kriegsgefangenschaft, in: JDSG 5 (1961), 136-186.

Textkritische Zeichen

[g]Graph	Überschreibung eines Graphs in Graphenfolge
Gra⌈p⌉h	Einfügung eines Graphs in oder oberhalb einer Graphenfolge
~~Graph~~	Durchstrichene Graphenfolge
<u>Graph</u>	Unterstrichene Graphenfolge
Frutiger	Schriftartwechsel
Kursiv	Kommentar in druckschriftlicher Textvorlage
<...>	Editorische Auslassung
<Text>	Editorische Bemerkung

1 »Tabelle über die wirklich gehaltenen Vorlesungen«, Frankfurt/Oder, Winterhalbjahr 1799-1800.

Professor <Christian Ernst> Wünsch hat in dieselbe eingetragen: „Experimentalphysik nach Erxleben für eine geschlossene Gesellschaft von 12 illiteratis" *und dazu bemerkt:* „den 18. November begonnen, 9. April ge-
5 schlossen."

Dok. 3_{68}

T+E: HOFFMANN 1903b, 343 [Besitzernachweis: »Universitätsarchiv zu Breslau«]
Cf. Kleists Brief an seine Schwester Ulrike, Frankfurt/Oder, 12.11.1799: »Zengen's und unsre Familie nebst viele andere Damen Frankfurt's nehmen ein Collegium über Experimental-Physik bei Wünsch. [...] Willst du die Vorlesung von Anfang an beiwohnen, so mußt Du auf irgend eine Art suchen, s o g l e i c h nach Frkft. zu kommen.«

2 Wilhelmine von Zenge an Heinrich von Kleist, Frankfurt/Oder, 10.4.1802.

<Umschlag mit schwarzem Siegel der Familie von Zenge und Adresse:>
A Monsieur de Kleist ci-devant lieutenant dans les gardes prussiennes à T h u n en Suisse, poste restante.

5   Frankfurth am 10ten Aprill 1802
Mein lieber Heinrich. Wo Dein jetziger Aufenthalt ist, weiß ich zwar nicht bestimmt, auch ist es sehr ungewiß ob das was ich jetzt schreibe Dich dort noch treffen wird wo ich hörte daß Du Dich aufhältst; doch ich
10 kann unmöglich länger schweigen. Mag ich auch einmal vergebens schreiben, so ist es doch nicht meine Schuld wenn Du von mir keine Nachricht erhältst. Über zwei Monate war Deine Familie in G u l b e n, und ich konnte auch nicht einmal durch sie erfahren ob Du
15 noch unter den Sterblichen wandelst oder vielleicht auch schon die engen Kleider dieser Welt mit bessern vertauscht habest. —
Endlich sind sie wieder hier, und, da ich schmerzlich erfahren habe; wie wehe es thut, g a r   n i c h t s
20 zu wissen von dem was uns über alles am Herzen liegt — so will ich auch nicht länger säumen Dir zu sagen wie mir es geht. Viel Gutes wirst Du nicht erfahren.
Ulricke wird Dir geschrieben haben daß ich das Unglück hatte, ganz plötzlich meinen liebsten Bruder zu
25 verlieren — wie schmerzlich das für mich war, brauche ich Dir wohl nicht zu sagen. Du weißt daß wir von der frühesten Jugend an, immer recht gute Freunde waren und uns recht herzlich liebten. Vor kurzen waren wir

Dok. 3_{263}

auf der silbernen Hochzeit unserer Eltern so froh zusamen, er hatte uns ganz gesund verlassen, und auf einmal erhielten wir die Nachricht von seinem Tode — Die erste Zeit war ich ganz wie erstarrt, ich sprach, und weinte nicht. Ahlemann, der während dieser traurigen Zeit oft bei uns war, versichert, er habe sich für mein starres Lächeln sehr erschreckt. Die Natur erlag diesem schrecklichen Zustande, und ich wurde sehr krank. Eine Nacht, da Louise nach dem Arzt schickte weil ich einen sehr starken Krampf in der Brust hatte, und jeden Augenblick glaubte zu ersticken, war der Gedanke an den Tod mir gar nicht schrecklich. Doch der Zuruf aus meinem Herzen „es werden geliebte Menschen um dich trauern, E i n e n kannst Du noch glücklich machen!" der belebte mich aufs neue, und ich freute mich daß die Medezin mich wieder herstellte. Damals! lieber Heinrich, hätte ein Brief von D i r, meinen Zustand sehr erleichtern können, doch Dein Schweigen vermehrte meinen Schmerz. Meine Eltern, die ich gewohnt war immer froh zu sehn, nun mit einemal so ganz niedergeschlagen, und besonders meine Mutter immer in Thränen zu sehn — das war zu viel für mich. Dabei hatte ich noch einen großen Kampf zu überstehn. In Lindow war die Domina gestorben. Und da man auf die älteste aus dem Kloster viel zu sagen hatte, und ich die zweite war konnte ich erwarten daß i c h Domina werden würde. Ich wurde auch wirklich angefragt, ob ich es sein wollte, Mutter redete mich sehr zu, da dieser Posten für mich sehr vortheilhaft sein würde, und ich doch meine Zukunft nicht bestimmen könnte. Doch der Gedanke in L i n d o w leben zu müssen (was dann nothwendig war) und die Erinnrung an das Versprechen was ich Dir gab, nicht da zu wohnen, bestimmten mich, das Fräulein von Randow, zur Domina zu wehlen, welche nun bald ihren Posten antreten wird. Bedauerst Du mich nicht? ich habe v i e l ertragen müssen. Tröste mich bald durch eine erfreuliche Nachricht von Dir, schenke mir einmal ein paar Stunden und schreibe mir recht v i e l.

Von Deinen Schwestern höre ich nur daß Du recht oft an Sie schreibst, höchstens noch den Nahmen Deines Auffenthalts, Du kannst Dir also leicht vorstellen wie sehr mir verlangt etwas mehr von D i r zu hören. Panwitzens sind sehr glücklich. Ich habe mich aber sehr gewundert daß Auguste als Braut so zärtlich war, da sie sonst immer so sehr dagegen sprach, doch es läßt sich nicht gut, über einen Zustand urtheilen den man noch nicht erfahren hat.

Freuden giebt es jetzt für mich sehr wenig — unsere

kleine Emilie macht mir zuweilen frohe Stunden. Sie fängt schon an zu sprechen, wenn ich frage „was macht Dein Herz?" so sagt sie ganz deutlich „mon coeur palpite", und dabei hält sie die rechte Hand aufs Herz. Frage ich „wo ist Kleist?" so macht sie das Tuch von einander und küßt Dein Bild. Mache Du mich bald froher durch einen Brief von Dir ich bedarf es s e h r von D i r getröstet zu werden.

Der Frühling ist wieder gekehrt, aber nicht mit ihm die frohen Stunden die er mir raubte! Doch ich will **hoffen!!** Der S t r o m der nie wiederkehrt führt durch Klippen, und Wüsten endlich zu fruchtbaren schönen Gegenden, warum soll ich nicht auch vom Strome der Zeit erwarten, daß er auch mich endlich schönern Gefilden zuführe? Ich wünsche Dir recht viel frohe Tage auf Deiner Reise, und dann bald einen glücklichen Ruhepunkt.

Ich habe die b e i d e n G e m ä l d e von L und ein Buch worin Gedichte stehn in meiner Verwahrung. Das übrige von Deinen Sachen hat Dein Bruder. Man glaubte dies gehörte C a r l n und schickte mir es heimlich zu.

schreibe r e c h t b a l d an D e i n e W i l h e l m i n e.

T: *H. v. Kleists Werke*, Im Verein mit Georg Minde-Pouet und Reinhold Steig herausgegeben von Erich Schmidt (Leipzig/Wien o. J. [1904/06]), Bd. 5, 466-468 [Besitzernachweis: »Meyer Cohn«; cf. Katalog der Auktion von J. A. Stargardt, 23.-28.10.1905 in Berlin: *Die Autographen-Sammlung Alexander Meyer Cohn's.* [...] Erster Theil (Berlin 1905), Nr. 1710]. — E: BIEDERMANN 1882, 120f. [nach E: BIEDERMANN 1884, 234-236]; 71-75 *Panwitzens [...] hat.* nicht in E; 67 *recht*] nicht E; in E vier zusätzliche Absatzbildungen: nach 40 *schrecklich.* 47 *Schmerz.* 63 *wird.* 82 *Bild.* — Bisher letztmals aufgetaucht ist der Brief bei Auktion 8 (25.2.1929) des Leipziger Antiquariats Friedrich Meyer: *Heinrich von Kleist. Autographen und Bücher.* Sammlung E[lla]. Hippe, Dresden; nach Auskunft der Staatsbibliothek zu Berlin, Haus 1, war die Preußische Staatsbibliothek im Besitz einer Fotografie des Briefes, die, unter den in Krakau aufbewahrten Beständen nicht nachweisbar, heute verschollen ist. — Zum Briefumschlag bemerkt BIEDERMANN 1881, 93: »Das Couvert mit der Adresse poste restante liegt bei, es ist an der Seite geöffnet, das Siegel unterbrochen; [...].«; eine weitere Beschreibung des Umschlags im Katalog der Sammlung Meyer Cohn, 155: »Beiliegend das eigenhändige Couvert mit Siegel, auf dem Kleist mit Bleistift bemerkt hat: „10ten April 1802 von Minette".« — Aus dem Vorhandensein des Kuverts, vor allem wohl aber aus dem Umstand, daß mit Ausnahme dieses einen — in Wilhelmines Nachlaß überlieferten — Briefes sämtliche anderen, die Wilhelmine v. Zenge an Kleist geschrieben hat, nicht erhalten geblieben sind, hat BIEDERMANN 1881, 93, zunächst gefolgert, Kleist habe den Brief entweder nicht empfangen oder aber ungelesen zurückgeschickt; vgl. auch Theophil Zolling, *Heinrich von Kleist in der Schweiz* (Stuttgart 1882), 55f. A.: »[...] kam uneröffnet wieder zurück; es ist unentschieden, ob er unbestellbar war, weil Kleist ihn nicht auf der Post erhob, oder ob ihn Kleist ungelesen etwa durch seine Schwester zurückgeben ließ.«, und Helmut Sembdner, in: *Heinrich von Kleist, Sämtliche Werke und Briefe* (München [8]1985), Bd. 2, 978: »Der postlagernde Brief wurde von Kleist nicht abgeholt und ging an Wilhelmine zurück; nur dadurch ist er auf uns gekommen.« Diese von ihm selbst suggerierte, den technischen Aspekt der Briefrücksendung über Gebühr favorisierende Auffassung korrigiert BIEDERMANN 1882, 379, durch den Hinweis, Kleists letzter Brief an Wilhelmine vom 20.5.1802 erwähne das vorliegende Schreiben; im Anschluß daran und als Gegenposition zur apodiktischen Behauptung Sembdners (zuletzt in der neuesten Auflage von *Heinrich von*

Kleists Lebensspuren [Frankfurt a. M./Leipzig 1992], 55): »Dieser Brief ging ungeöffnet an Wilhelmine zurück.« vgl. z. B. Hans Joachim Kreutzers Sammelbesprechung in Euphorion 62 (1968), 197: »Kleists Brief vom 20. Mai bildet also tatsächlich die Antwort auf den Wilhelmines vom 10. April.«
13 *G u l b e n* Gut der Familie v. Pannwitz, cf. Z. 71
24 *Bruder* Karl v. Zenge
33 *Ahlemann* cf. Dok. 3 und 11; Ernst Heinrich Friedrich Ahlemann (Berlin 26.10.1763 - Frankfurt/Oder 2.9.1803); Besuch des Gymnasiums zum grauen Kloster; 1782-1785 Theologiestudium in Halle; 1789 wird Ahlemann Feldprediger, nimmt 1794 mit dem Regiment von Kunheim am polnischen Feldzug teil und kehrt 1795 wegen Krankheit nach Berlin zurück; 1797 zweiter Diakon an der Marien- oder Oberkirche in Frankfurt/Oder; 1798 Gründung einer Schule für höhere Töchter, die auch von den Mädchen des Zengeschen Hauses besucht wird; Publikationen [nach den Katalogen der Berliner Staatsbibliothek, Haus 1 und 2; vorhanden ist lediglich die Taubstummenschrift von 1801]: eine mehrfach aufgelegte und erweiterte Schrift zur Taubstummenpädagogik [zuerst in: Jahrbücher der preußischen Monarchie unter der Regierung Friedrich Wilhelm des Dritten Bd. 3 (1798), September, 52-58, Oktober, 192-203; 2. Auflage: *Herr Professor Eschke und das von ihm gestiftete, jetzt Königl. Taubstummen-Institut zu Berlin*. Geschildert von Ahlemann, Archidiakonus an der Hauptkirche zu St. Marien in Frankfurt an der Oder, vorher Feld- und Garnisonsprediger zu Berlin. [...], in: Karl Gottfried Bauer/Ernst Adolf Eschke (Hg.), *Über den Unterricht der Taubstummen* [...], Berlin 1801; 3. Auflage: Berlin 1804]; *Funfzigjährige Dienstfeier des Königl. Preuß. Generalmajors Herrn Johann Ernst von Kunheim*, Berlin 1798, 24 S. 8°; *Gedanken über die weibliche Bestimmung und Ausbildung*, Berlin 1803; *Anleitung zur Religion nach der Lehre Jesu*, Berlin 1803; *Geistliche Reden*. Ausgewählt und nebst einer kurzen Biographie des Verfassers herausgegeben von Wilhelm Traugott Krug. Berlin 1805. — Vgl. den Hinweis auf den »deutlich pietistischer Tradition verhaftete[n] Frankfurter Prediger, Diakon und Erzieher« von Hans-Jürgen Schrader, »*Denke Du wärest in das Schiff meines Glückes gestiegen*«. Widerrufene Rollenentwürfe in Kleists Briefen an die Braut, in: KJb 1983, 122-179; hier: 158, A. 44.
46 *Schweigen* lt. Überlieferung seit Kleists Brief aus Frankfurt/Main vom 2.12.1801.
61f. *Fräulein von Randow* Charlotte v. R., »Tochter des 1785 als Capitaine und Flügeladjutanten verstorbenen Herrn von Randow aus dem Hause Zabakub« (HOFFMANN 1903, 353); 1802 bis zu ihrem Tod 1815 Domina des weltlichen Fräuleinstiftes Lindow.
67f. *recht oft an Sie schreibst* die Überlieferung spricht eher für BIEDERMANNS Lesart »nicht oft«; aus der Zeit seit 12.12.1801, Kleists Ankunft in Basel, sind an Briefen an Familienmitglieder lediglich vier Briefe (16.12.1801; 12.1., 19.2. und 18.3.1802) für Ulrike bekannt geworden
71 *Panwitzens* das frischvermählte Ehepaar Wilhelm v. Pannwitz und Auguste v. Kleist; Kleists Vetter und seine Schwester heirateten am 14.1.1802.
77 *Emilie* Wilhelmine v. Zenges jüngste Schwester
82 *Bild* das in Berlin von Peter Friedel gemalte Miniaturporträt, das Kleist am 9.4.1801 an Wilhelmine schickt; angekündigt in den Briefen vom 22.3.1801 (»Mein Bild schicke ich Dir, und Deines nehme ich mit mir.«) und vom 28.3.1801 (»[...] indem ich schon in einer Stunde zu dem Maler gehen [...] muß, [...]«).

3 Wilhelmine von Zenge an Wilhelm Traugott Krug, Frankfurt/Oder, 16.6.1803.

<1ʳ>
   Mein bester Freund.

Sie äußerten gestern Abend bei Ahlemans den
Wunsch ich mögte weniger geheimnißvoll sein.
Für Sie will, und werde ich nie etwas verheimlichen.
Es hängt ganz von Ihnen ab, alles was meine Person
betrifft von mir zu erfahren. Da ich so sehr wünsche
daß Sie mir ganz Ihr Vertrauen schenken mögten.

so will ich Ihnen den Theil meines Lebens beschreiben,
welcher für mich ⌈bis jetzt⌉ der wichtigste, und interessanteste
war, und ich hoffe Sie werden mich Ihres Vertrauns
werth finden. Daß ich von meinen Eltern sehr einfach
und häußlich erzogen wurde, ist Ihnen bekannt.
 Von meinem 16ten Jahre an, führte meine Mutter
mich in alle Gesellschaften, sie begleitete mich in
große Assenbleen, wo ich das Hoffleben anstaunte,
Opern, Redouten, und Bälle besuchte ich, und genoß
da mir diese Freuden so ganz neu waren, dies
alles eine Zeit lang mit großem Interesse,
doch blieb mein Herz bei dem allen sehr leer, und
mit Freuden kehrte ich wieder in unsere stille
Häußlichkeit zurück. Als ich 18 Jahr alt war

⟨1ᵛ⟩
bekam mein Vater das Regiment in Frankfurth.
Damals trente ich mich sehr ungern von Berlin, da
ich einen sehr geliebten Bruder, und eine eben
so geliebte Freundinn zurück lassen muste[.], doch
war mein Herz noch von keinem Mañe besonders
gerührt worden. Mit einem tanzte, oder unterhielt
ich mich vielleicht lieber als mit dem andern,
doch hatte keiner besonders Theil an meiner Trau=
rigkeit bei dem Abschiede von Berlin.
Die erste Zeit gefiel mir es gar nicht in Frankfurth,
wir alle lebten noch ganz in Berlin, bis sich auch
hier Menschen fanden, welche sich für uns
interessirten, und uns durch mancherlei Vergnügungen
zu zerstreuen suchten. Unter diesen zeichnete
sich besonders die Kleistsche Familie aus.
Der Lieutenant Kleist stand damals noch bei
des Vaters Regiment. Auch er kam mit
seinen Schwestern beinahe täglich zu uns, und
wurde von allen gern gesehn, weil er ein sehr
fröhlicher junger Mann war, und uns durch seinen
Scherz oft zu lachen machte.

⟨2ʳ⟩
Sein älterer Bruder welcher als Lieutenant bei der
Garde stand, nahm damals den Abschied, um hier in
Frankfurth zu studieren. Auch er wurde unser
Nachbar, ~~doch~~ nahm aber keinen Theil an unsere
Gesellschaft wenn wir zu seinen Schwestern kamen.
Erst als sein Bruder nach Potsdam versetzt wurde, und
seine Schwestern ihren Begleiter, und wir einen angenehmen
Gesellschafter verlohren hatten, gesellte er sich zu
uns. Wir fanden aber alle, daß er die Stelle des
Bruders nicht ersetze, denn er war sehr melancholisch

und finster, und sprach sehr wenig. Bald aber begleitete
er uns auf allen Spaziergängen, ~~und~~ kam mit seinen
Schwestern auch zu uns, spielte und sang mit mir,
und schien sich in unsere Gesellschaft zu gefallen.
Damals hörte er Experimentalphisik bei P: Wünsch
wovon er uns gewöhnlich nach dem Kolegia mit
großem Interesse unterhielt, [A]auch wir nahmen
so lebhaft Antheil an allem was er uns darüber
sagte, daß seine Schwestern, wir, und noch einige
Mädchen aus unserem Kreise zu den P: Wünsch
gingen, und ihn baten auch uns Vorlesungen

<2ᵛ>

Dok. 1 darüber zu halten. Dies geschahe, und wir waren
sehr aufmerksame Zuhörerinnen, repetirten mit
unserm Unterlehrer dem Herrn von Kleist,
und machten auch Aufsatze über das, was wir hörten.
Als Kleist einen Abend die Aufsätze von seinen
Schwestern gelesen hatte, bat er mich ihm auch den
meinigen zu zeigen; ich that es, und er fand
ihn gut, nur sehr fehlerhaft geschrieben.

Dok. 15₄₃ Er bat sich ⌜die⌝ Erlaubniß aus mir die Hauptregeln
der deutschen Sprache nach grade in kurzen
Aufsätzen mittheilen zu dürfen, welches ich recht
gern annahm, und recht fleißig studierte, um
seine Mühe zu belohnen.
Einen Abend als ich ~~be b~~ bei Kleists war, gab
er mir einen ähnlichen Aufsatz, wie gewöhnlich
in ein weiß Papier geschlagen, doch wie erstaunte
ich als ich es zu Hause öffnete und darinn
von ihm einen Brief fand, worinn er mir sagte
daß er mich schon lange herzlich liebe, und
ich ihn durch meine Hand sehr beglücken köñe.

<3ʳ>

(2)

Mir war es bis jetzt noch gar nicht eingefallen, daß ein
Mann mich jemals lieben köñe, denn ich fand mich
im̅er sehr häßlich und unleidlich, und war nie mit
mir zufrieden. Ich hatte ihn im̅er sehr unbefangen
behandelt, und war ihm gut wie einem Bruder,
doch liebte ich ihn nicht, und erstaunte über seine
Erklährung, da ich vorher auch nicht das Geringste
davon geahndet hatte, sondern im̅er glaubte er
zöge meine Schwester Lotte mir sehr vor.

Dok. 15₈₉ Louisen machte ich zu meiner Vertrauten, und gestand
~~w~~ ihr, daß ich ihm gut sei, doch wäre er gar nicht
der Mann nach meinem Sinn. Den anderen
Tag schrieb ich ihm daß ich ihn weder liebe, noch

seine Frau zu werden wünsche, doch würde er
mir als Freund im̅er recht werth sein.
Leider kon̅te ich es nicht verhindern ihn wieder zu
sehen. Er war außer sich über meine Antwort
und wollte mir einen zweiten Brief geben, welches
ich aber schlechterdings verbat. Acht Tage lang
suchte er mich auf den Spaziergängen auf, da ich
nicht mehr zu seinen Schwestern kam, und bat

<3ᵛ>
Louisen so sehr den Brief zu nehmen, und reichte
ihn mir noch einmal mit thränenden Augen, so
daß ich endlich bewegt wurde und ihn annahm.
In diesem Briefe fragte er was ich an ih[m]n außzusetzen
habe, und versicherte ich kön̅e aus ihm machen
was ich wolle, ich mögte ihm nur sagen wie er
meine Liebe gewin̅en kön̅e. Ich schrieb ihm wieder,
und schilderte den Mann wie er mich glücklich
machen kön̅te. Er gab sich so viel Mühe diesem
Bilde ähnlich zu werden, daß ich ihm endlich erlaubte
an meine Eltern zu schreiben, und ihm meine
Hand versprach, so bald sie einwilligten.
Er hatte etwas Vermögen, ~~doch~~ ⌜aber⌝ nicht so viel
daß wir davon leben kon̅ten, doch hatte er vom
König das Versprechen in einem Amdte angestellt
zu werden sobald er ausstudiert habe. Meine
Eltern gaben ihre Einwilligung, doch mit der   Dok. 15₁₀₇
Bedingung, so lange zu warten bis er ein
Amdt habe, welches ich auch sehr zufrieden war
Meine Ausbildung, und Veredlung lag ihm sehr

<4ʳ>
am Herzen. Wenn er aus dem Colegia kam so
beschäftigte er sich eine Stunde mit mir.
Er gab mir interessante Fragen auf, welche ich
schriftlich beantworten muste, und er korigierte sie.
Er gab mir nützliche Bücher zu lesen, und ich muste   Dok. 15₁₆
ihm meine Urtheile darüber sagen, oder auch Auszüge
daraus machen. Er laß mir Gedichte vor, und ich
muste sie nachlesen oder franzosich übersetzen.
Auch schräfte er meinen Witz und Scharfsinn durch
Vergleiche, welche ich ihm schriftlich bringen muste.
So lebte er ganz für mich, ich gewan̅ ihn recht
lieb und machte mir es zur Pflicht auch ganz
für ihn zu leben. Wenn ich mir zuweilen gestand
daß er dem Ideale von Mann welches ich mir
entworfen hatte noch im̅er nicht entsprach, so dachte
ich es giebt vielleicht keinen besseren, denn ich
kan̅te auch keinen der mir lieber war als er.

Ich erfüllte mein Vorhaben redlich. Alles was er
an mir tadelte, suchte ich fortzuschaffen, ~~und~~
jeden Wunsch den er äußerte, suchte ich zu erfüllen.

<4ᵛ>
und alles was ich dachte, und that, bezog ich auf ihn.
So lebten wir ein halbes Jahr sehr glücklich,
da hatte er sein [s]Studium hier beendet[.]; er ging
nach Berlin um sich dort noch mehr zu vervolkomn
und zu einem Amdte vorzubereiten.
Sein Umgang war mir so werth geworden, daß
ich bei seiner Abreise sehr unglücklich war,
und ihn nachher bei jeder Gelegenheit vermißte.
Alle vierzehn Tage schrieb er an mich, und so
oft er koñte, war er bei mir, und war noch iͫer
der herzliche, gute Mensch. Er hatte viel Geist,
seine schnelle Fassunskraft wurde von allen seinen
Lehrern bewundert, seine Phantasie war sehr
lebhaft, und verleitete ihn oft zur Schwärmerei.
Er hatte einen erhabenen Begriff von Sittlichkeit,
und mich wollte er zum Ideal umschaffen
welches mich oft beküͫerte. Ich fürchtete
ihm nicht zu genügen, und strengt alle meine
Kräfte an, meine Talente auszubilden, um
ihn recht vielseitig zu interessieren.

<5ʳ>
                                    (3)
Weihnachten vor zwei Jahr kam er ganz unerwartet hier
an, und sagte mir er köñe jetzt gleich angestellt
werden wenn er wolle, doch wär es ihm unmöglich
ein Amt zu nehmen, die Amtsgeschafte würden
ihn unglücklich machen, auch köñe er seine Freiheit
nicht so aufopfern. Er fragte ob ich sein kleines
Vermögen mit ihm theilen wolle, ich ~~über~~ erschrack
über dies alles sehr[.], [I]ich wollte ⌜und koñte⌝ ihm weder ab noch
zurathen um meinetwillen unglücklich zu sein[.],
[U]und versicherte, ich wolle alles thun was zu seinem
Glücke beitragen köñe. Er reisete wieder nach
Berlin, doch nicht lange nachher erhielt ich einen
Brief dessen Inhalt noch weit schrecklicher war
als die erste Nachricht. In diesem Brieffe
sagte er mir daß er jetzt die Kantsche Philosophie
studiere, welche ihn so unglücklich gemacht habe,
daß er es in Berlin in seinen engen vier
Wänden nicht aushalten köñe, er würde
eine Reise machen um sich zu zerstreuen.
Dok. 15₂₄ Er schickte mir sein Bildniß und eine Tasse
Dok. 16₁   mit einer sehr hübschen Inschrift, versicherte

<5ᵛ>

bald wieder zu komen, und mir recht oft zu
schreiben. Auch ich schickte ihm mein Bildniß,
und sagte ihm nur ein schriftliches Lebewohl.
Er reisete mit seiner Schwester nach Paris, schrieb
mir anfänglich oft, doch als ich seit drei Monaten
von ihm keine Nachricht erhalten hatte schrieb
er mir — er werde sich in der Schweiz ankaufen,
und hoffe ich werde ihm dorthin folgen, wenn
er mich abholte. Ich bat ihn mit den rührensten
Ausdrücken in sein Vaterland zurückzukehren,
und gestand daß ich ihm zwar folgen w[oll]erde
wolle wohin er ginge, doch würde mir es sehr
schwer werden meine Eltern zu verlassen,
und besonders mich so weit von ihnen zu
entfernen. Ehe dieser Brief beantwortet wurde,
muste ich 5 Monat alle Postage vergebens
auf Nachricht warten. Meine Hoffnung,
und die Erwartung von einer frohen Zukunft,
waren schon längst bei mir gesunken, ich sagte
mir es oft daß ich mit dem Mann nie
glücklich sein würde, da ich nicht im Stande

Dok. 15₁₂₄

<6ʳ>

war ihn glücklich zu machen. Doch wollte ich mein
Wort halten und mich ganz für ihn aufopfern.
Ich war ihm so viel Dank schuldig, und nahm so
inig Antheil an allem was ihn betraf, daß
ich wenigstens hoffte ihn wo nicht beglücken,
doch aufheitern zu könen. Ich kannte seine Wünsche
und wuste mich so gut in seinem sonderbaren
Wesen zu schicken, daß ich überzeugt war,
es köne außer mir kein weibliches Wesen
mit ihm fertig werden. Nach fünf Monaten
erfuhr ich endlich durch seine Schwestern wo er
sich aufhielt, ich schrieb an ihn, und bekam
zur Antwort — er habe nicht erwartet von
mir noch einen Brief zu empfangen, sondern
habe mein letztes Schreiben als eine Weigerung
angesehn ihm nach der Schweiz zu folgen.
Nach einem heftigen Kampfe habe er es
endlich dahin gebracht mein Bild aus
seiner Seele zu entfernen, er bäte mich
deshalb nicht wieder an ihn zu schreiben.

<6ᵛ>
Da er durch [l]Leichtsinn in Berlin sein Amt
verscherzt habe, und durch seine Reise die
Menschen zu großen Erwartungen von ihm

berechtigt habe, so köñe er nicht ohne ~~Ehre~~ ⌜Ruhm⌝
wieder in sein Vaterland zurückkehren.
Sein einziger Wunsch sei jetzt bald sein
Leben zu enden — Dieser Brief erschütterte
mich tief, doch beweinte ich mehr sein trauriges
Schicksal als das Meine. Ich sah es ein
daß ich nie die Seine werden koñte, und
hatte auch schon lange aufgehört es zu
wünschen. Ich hatte die Kraft mich von seinem
Gemalde zu treñen welches ihm sehr ähnlich
war, schrieb noch einmal an ihn, trostete
ihn als Freundinn, und sagte er mögte wenigstens
seine Freundinn nicht vergessen, sondern
mir zuweilen schreiben wie es ihm ginge,
denn gewiß würde ich iñer den lebhaftesten
Antheil an seinem Schicksal nehmen.
Hierauf hat er nicht geantwortet.

Dok. 15₂₈,17₁
Dok. 14₂₂

<7ʳ>
                              (4)
Zu gleicher Zeit verlor ich einen sehr geliebten
Freud und Bruder, — mein Schmerz war
unbeschreiblich. Ich wurde sehr krank, und mein
einziger Wunsch war bald zu sterben, den mein
Leben hatte für mich alles Interesse verlohren.
Der Schmerz meiner Eltern welche auch durch den
Tod meines Bruders einen großen Theil
ihres Glückes ~~z~~ verlohren hatten, erinerte
mich daß ich noch Pflichten zu beobachten habe.
Ich verbarg meinen Schmerz, um sie zu trösten,
und meine einzige Linderung waren ~~heftige~~ ⌜bittere⌝
Thrähnen. Die Welt, und besonders die Mäñer
waren mir sehr gleichgültig geworden, nur
Ahleman war mein Vertrauter, er weinte
mit mir, und tröstete mich[,]. Mit der Zeit
sahe ich es ein daß diese Treñung zu meinem
Glücke seie und dank⌜t⌝e ~~g~~ dem großen Führer
der Menschen für meine ertragenen Leiden,
denn ich fühlte daß sie mich zu einem
beseren Wesen gemacht hatten.

Dok. 2₂₄

Dok. 2₃₃

<7ᵛ>
Meine Leidensgeschichte ist zu Ende. Die Wolken
haben sich zertheilt, und ich sehe eine freundliche
Soñe an meinem Horizonte aufgehen.
Ich lernte Sie keñen, und gleich nachdem ich
Sie zum ersten mal bei Ahlemans gesprochen
hatte sagte ich zu meiner Schwester = der
Mann gefällt mir. Und mit Ihrer~~n~~ näheren

Dok. 11₁₇

Bekañtschaft fühlte ich īmer mehr daß
ich für Sie, und Sie für mich geschaffen
wären, ich war so glücklich Ihnen zu gefallen,
und hoffe Ihrer nicht unwerth zu sein.
295 Die offene Mittheilung meiner Jugendgeschichte
wird Sie nicht beunruhigen, sie ist
so war, wie ich īmer gegen Sie sein
werde. Wenn Sie nicht der Einzige
war⌈en⌉ der mein Herz rühren koñte, so
300 kann ich doch versichern daß ich noch nie

<8ʳ>
so von ganzem Herzen liebte, als ich Sie liebe,
und daß der Entfernte nur noch als ein erhabenes
Mittel wodurch der gütige Schöpfer meine
305 Veredlung bewirken wollte, in meinem Herzen
tront.
Sein Sie ganz mein Freund, und wenn Sie
in meinem Betragen auch nur das Geringste
finden das nicht nach Ihrem Siñe ist, so
310 bitte ich leiten Sie

    Ihre
Frankfurth   Wilhelmine.
am 16 Juni 1803

Hs.: Staatsbibliothek zu Berlin — Preußischer Kulturbesitz, Haus 1. [Signatur:] Sammlung Autographa (Kleist): Wilhelmine von Zenge an Traugott Krug. — Der Brief wurde 1936 bei J. A. Stargardt erworben; 1ʳ, oben rechts, ist als Akzessionsvermerk mit Tinte eingetragen: *acc. ms. 1936.171;* zwei mit Bleistift gezogene Winkel markieren die unmittelbar auf Kleist bezogene Passage des Briefes: vor Z. 41 und hinter der letzten Zeile von 6ᵛ
3 *Ahlemans* cf. Dok. 2 und 11
39 *Lieutenant Kleist* Kleists Bruder Leopold (1780-1837); cf. HOFFMANN 1907/08, 105f., der zum Beleg, daß die Erinnerung an Kleists Bruder bei einigen Mitgliedern der Zengeschen Familie über Jahrzehnte hinweg lebendig geblieben ist, aus einem Brief Luise v. Zenge vom Jahr 1821 zitiert, wo von »Übermut und närrische[n] Streiche[n] in Leopold Kleistscher Manier« die Rede ist.
51 *nach Potsdam versetzt* am 13.7.1799 in das Regiment Garde, in welchem Heinrich v. Kleist gedient hatte
126 *Versprechen* cf. Königliche Kabinettsorder vom 13.4.1799: »[...] wenn Ihr Euch eifrig bestrebet, Eure Kenntnisse zu erweitern, und Euch zu einem besonders brauchbaren Geschäftsmanne zu bilden, so werde Ich dadurch auch in der Folge Gelegenheit erhalten, Mich zu bezeigen [...].« (Reinhold Steig, *Neue Kunde zu Heinrich von Kleist* [Berlin 1902], 2f.)
141 *schräfte* lies: schärfte
162 *Alle vierzehn Tage* Untertreibung oder Erinnerungsschwäche?; aus der Zeit zwischen 16.8. und 30.11.1800 sind 15 an Wilhelmine gerichtete Kleist-Briefe überliefert.
176 *unerwartet* cf. Kleists Brief, Berlin, 22.11.1800: »Auf Weihnachten mögte ich wohl nach F. kommen — Du siehst es doch gern? Ich bringe Dir dann etwas mit.«
177 *gleich angestellt* cf. Kleists Brief, Berlin, 22.11.1800: »Noch habe ich die Laufbahn in dem Fabrik-Wesen nicht verlassen, ich wohne den Sitzungen der technischen Deputation bei, der Minister hat mich schriftlich eingeladen, mich

anstellen zu lassen, und wenn Du darauf bestehst, so will ich nach zwei Jahren drei Jahre lang reisen und dann ein Amt übernehmen, das uns wohl Geld und Ehre, aber wenig häußliches Glück gewähren wird.«
195 *Bildniß und eine Tasse* soll diese Aussage nicht in Widerspruch zu Dok. 16 stehen, wonach Wilhelmine v. Zenge bereits während Kleists Würzburg-Reise im Besitz der Tasse war — vorausgesetzt, es handelt sich um das überlieferte Stück (in Anhang 2) —, dann muß die Tasse auf irgend einem Weg zuvor wieder zu Kleist gelangt sein; hierfür spräche auch, daß Kleist im Brief aus Berlin vom 9.4.1801, der die Übersendung des seines Bildes begleitet, den Text des Tassen-Rebus zitiert.
199 *mein Bildniß* cf. Anhang 2; die von unbekannter Hand stammende farbige Miniatur erwähnt Kleist in seinen Briefen vom 22.3.1801 (»Mein Bild schicke ich Dir, und Deines nehme ich mit mir.«) und vom 9.4.1801 (»Schicke mir doch das Bild-Futteral sogleich zurück, denn es gehört zu D e i n e m Bilde.«); einen Hinweis, wann Wilhelmine ihr Bild Kleist geschenkt hat, gibt mglw. Kleists Brief vom 13.11.1800, wo es am Ende heißt: »Ich küsse Dein Bild.«
264 *Freud* lies: Freund; Karl v. Zenge

4 <A:> Berlinische Nachrichten von Staats- und gelehrten Sachen <Spenersche Zeitung>, 31.12.1803, Nr. 157 <unpag.>; <B:> Leipziger Zeitungen, 4.1.1804, 3. Stück, S. 28.

<A:>

Dok. 11₃₄

Verlobungs- und Heirathsanzeigen.
Frankfurt an der Oder den 25. Dezember 1803. Seine Verlobung mit Fräulein Charlotte Wilhelmine, ältesten Tochter des General-Majors v. Zenge, Chefs vom hiesigen Infanterie-Regimente, meldet hierdurch Glückwünsche verbittend

Professor Krug.

<B:>

Frankfurt an der Oder, den 24. Dec. 1803. Unterzeichneter meldet hierdurch seinen Verwandten und Freunden in Sachsen seine Verlobung mit Fräulein Charlotten Wilhelminen, ältesten Tochter des Hrn. Generalmajors von Zenge, Chefs vom hiesigen Infanterieregimente, und empfiehlt sich nebst seiner Verlobten Ihrem gütigen Andenken.

Krug, Professor der Philosophie.

5 Karl Wilhelm Ferdinand Solger an Ludwig Tieck,
Berlin, 6.7.1816.

<1ʳ>
                                    Berlin, den [4]6ten Juli 1816.

Sie glauben vielleicht, theuerster Freund, daß ich einen von Ihren
Aufträgen, Kleist betreffend, noch nicht besorgt habe. Ich ging aber
gleich in den ersten Tagen nach meiner Rückkehr von Ihnen zu Zen[d]gens,
wo ich jedoch sehr ungenügende Nachricht erhielt, und zur Vervollstän=
digung derselben an die eine Tochter, die sich in Leipzig aufhält, ge=
wiesen wurde. Auf meine Bitte schrieben sie an diese; die Antwort
war aber auch nicht viel besser, doch wurde mir darin der bekannte
Obrist Rühle von Lilienstern als der bezeichnet, welcher die voll=
ständigste Auskunft geben könnte. Dies war mir nicht unwill=
kommen, da ich längst die Bekanntschaft dieses Mannes gewünscht
hatte, der als ein Freund u. Kenner der Kunst und Sammler
von Kunstwerken bekannt ist. Ich bin bei ihm gewesen, und er
hat mir versprochen die Hauptsachen aus Kleists Leben kurz aufzusetzen.
Außerdem hat er mir aber noch einiges gesagt, was Sie vielleicht
bestimmt, mit der Herausgabe von Kleists Reliquien nicht so sehr
zu eilen. Der Maler Hartmann in Dresden habe nämlich eine
Abschrift von Kleists Herrmann, welche vielleicht von der andern
abweiche; so besitze er, der Obrist Rühle selbst, Kleists eigentliche
Originalhandschrift von der Familie Schroffenstein. Dieses Stük
sei nämlich von einigen Freunden, denen es der Verfasser überlassen,

<1ᵛ>
ganz entstellt herausgegeben worden. Der Obrist versprach mir, wenn
seine Papiere, die sich noch in Dresden befinden, hier sein werden, mir
die Handschrift herauszusuchen, u. sie mir für Sie zu geben. Ich
stelle nun anheim, ob Sie an Hartmann schreiben wollen, welchen
Sie ja wohl kennen. Auch wäre es schön, wenn bei dieser Gelegenheit
die Familie Schroffenstein, wofern sie es verdiente, in ihrer ursprüng=
lichen Gestalt erscheinen könnte.

Hs.: Staatsbibliothek zu Berlin — Preußischer Kulturbesitz, Haus 2. [Signatur:]
Nachl. Tieck M. 25 fol. 41 [4 Seiten, 77 Zeilen]; Z.1-28 [vollständig in: Percy
Matenko (Hg.), *Tieck and Solger*. The Complete Correspondence (New
York/Berlin 1933), 253-255].

6 Luise von Zenge an ihre Angehörigen, September
1821.

Als im Jahre 1821 Louise von Zenge sich auf einer Reise
nach Neapel befand, wohin die Frau des österreichischen
Generals von Koller sie mitnahm, berührte sie Dresden.
Dort wurde sie am 11. September mit Tieck bekannt. Sie
berichtete ihren Angehörigen, daß sie am folgenden Tage

Shakespeares „Heinrich IV." von Tieck vorlesen hörte, und fuhr dann wörtlich fort:
Die Finkenstein sagte ihm, daß ich Heinrich Kleist sehr gut gekannt hätte, da bat er mich, was ich von ihm wüßte und sagen könnte, mal in einer müßigen Stunde für ihn aufzuschreiben.
Am 13. September traf sie noch einmal Tieck und schrieb darüber:
.... Da haben wir 1 1/2 ganz allerliebste interessante Stunden gehabt, auch von Kleist habe ich ihm viel erzählen müssen.

Dok. 7

T+E: HOFFMANN 1903a, 152 [ohne Besitzernachweis].

7 Luise von Zenge an ihre Angehörigen, Neapel, 28.2.1822.

Dok. 6

In der Adresse an die Solger sind Nachrichten, die ich Tieck über Heinrich Kleist versprochen habe. Nun hat mich Minette gebeten, ich soll es sie erst lesen lassen, das wäre aber nun freilich weitläufig, erst nach Leipzig und dann nach Berlin zurückzuschicken. Tut was Ihr wollt.

T+E: Giovanni Vittorio Amoretti, *Luise Friederike von Zenge con lettere dall' Italia*, pubblicate per la prima volta (ed un ritratto inedito), in: Annali delle Università Toscane, N. S. X (1925/26), 203-221; hier: 214 [Besitzernachweis: »Otto Krug«].

8 Wilhelmine Krug an Henriette Solger, Frühjahr 1822.

Liebe Frau Professorin.
Sie waren so gütig mir den Brief von meiner Schwester mitzutheilen, welchen ich Ihnen mit vielem Dank wieder zustelle. Ich habe die Schilderung von meinem unglücklichen Jugendfreunde mit großem Interesse gelesen, doch finde ich daß Luise von dem Gange seines inneren Lebens zu wenig, und von mir zu viel gesagt hat, und wenn man sein schreckliches Ende entschuldigen will, muß man sein unglückliches Gemüth genau gekannt haben. Meine Schwester hat mich schon längst gebeten, H. D. Tiek einige von Kleists Briefen mitzutheilen, ich konnte mich nicht dazu entschließen da von mir so viel darin die Rede ist, doch diese Briefe sind der treueste Spiegel seiner Seele, und da ich wünsche daß die schrecklichen

Dok. 7

Urtheile welche man nach seinem Tode über ihn fällte
durch einen Blick in sein Inneres möchten gemildert
werden, so will ich mich selbst vergessen und Ihnen ei-   Dok. 15₇₉
nige Briefe zuschicken welche mir die interessantesten
zu sein schienen. Ich habe nicht das Glück Sie genau zu
kennen, doch habe ich durch meine Schwestern so viel
Gutes von Ihnen gehört daß ich voll Vertraun es Ihrem
Zartgefühl überlasse, was Sie Herrn Tieck davon mittheilen wollen. Wunderbare Fügungen des Himmels haben
mich von Kleist getrennt, doch wird er meinem Herzen
immer werth bleiben. Mein größter Wunsch war es, daß
er an der Seite eines andren weiblichen Wesens glücklich
werden möchte doch wurde auch dieser Wunsch nicht
erfüllt. Von den letzten Jahren seines Lebens weiß ich
wenig. Einmal hat er uns in Leipzig besucht, er soll die
letzte Zeit körperlich und geistig krank gewesen sein,
sogar mit Mangel gekämpft haben, was ich erst nach seinem Tode erfuhr.

T: H. v. Kleists Werke, Im Verein mit Georg Minde-Pouet und Reinhold Steig
herausgegeben von Erich Schmidt (Leipzig/Wien o. J. [1904/06]), Bd. 5, 468
[Besitzernachweis: »Geheimer Baurat Heinrich Toebe in Breslau, anscheinend
nur Konzept«]. — *E:* BIEDERMANN 1881, 87f. [»Bruchstück eines Briefes [...]
ohne Datum«]; Textkürzung in *E: 20-23 Ich [...] Ihrem Zartgefühl überlasse] Ich
überlasse es Ihrem Zartgefühl E.* — Adressatin und Datierung nach Dok. 7. —
Nach Auskunft der Staatsbibliothek zu Berlin, Haus 1, hat die Preußische
Staatsbibliothek das heute verschollene Fragment 1926 (acc. ms. 1926.51) vom
Generaldirektor der Hochschule in Altenburg erworben (nicht in den Krakauer
Beständen).

**9 Amadeus Wendt an Ludwig Tieck: <A:> Leipzig,
25.11.1822; <B:> Leipzig, 29.12.1822.**

<A; 1ᵛ>
Dañ habe ich noch einen Gegenstand, über
welchen Sie mir zugleich Antwort geben

<2ʳ>
können. Nehmlich Fr Prof Krug hat mich
gebeten Ihnen zu schreiben, daß S̶i̶e̶ unter
den zurückempfangenen Papieren ein Gedicht
fehle, da[ß]s [S]sie der Frau Prof Solger mitgetheilt
habe; sie bitte Sie, ihr dieß wo möglich
gütigst zurückzuverschaffen. —
Neulich wurde hier die Familie Schroffenstein
auf dem Theater versucht. Mir war die Lecture
des Kleistschen Trauerspiels nicht mehr im Detail
erinnerlich; aber dieß war einzusehen, daß
bei allen Gräueln dieser Jugendarbeit, d[aß]er
Schluß im Original, wenn auch vielleicht nicht

auf der Bühne wohl ausführbar, doch wenigstens
weit mehr im Siñe des Ganzen war, als d[er]ie
Flickerei des Comödianten Holbein. Einzelne
Situationen haben mich doch sehr interessirt.
Schreiben Sie mir doch, wenn es Ihnen genehm ist,
was Sie mit dem Stücke thun würden.

<B; 2ᵛ>
Das Gedicht von Kleist für die Prof
Krug muß ich mir nun durch Briefpost
leider ausbitten. <...>

Hs.: Sächsische Landesbibliothek Dresden. [Signatur:] Mscr. Dresd. e 90ᶜ, 5 l
(43ff., 46ff.) [A: 4 Seiten, 75 Zeilen; B: 4 Seiten, 79 Zeilen]; [A:] Z. 41-60 [vollständig in: Percy Matenko/Edwin H. Zeydel/Bertha M. Masche (Hg.): *Letters
To and From Ludwig Tieck and His Circle.* [...]. (Chapel Hill 1967), 60-61]; [B:]
Z. 72-74 [vollständig in: Karl v. Holtei (Hg.), *Briefe an Ludwig Tieck.* Bd. 4
(Breslau 1864), 288-289].

10 **Wilhelmine Krug an eine Freundin, Leipzig,
26.8.1823.**

<1ʳ>
                                                      Leipzig den 26ᵗⁿ August
Werthgeschätzte Frau   1823

Die Güte und Freundlichkeit mit der Sie sich in Dresden unserer
angenoñen hat mir so wohl gethan, daß ich nicht umhin kann Ihnen
noch schriftlich dafür zu danken. Es ist eine Schwäche der weiblichen
Natur, und besonders der meinigen, niemals selbständig zu werden,
ich kann den Schutz, und noch weniger die Liebe anderer Menschen
entbehren, ja: lachen Sie mich nicht aus, wenn ich Ihnen versichere,
daß ich die erste Zeit in dem schönen Dresden recht wehmüthig
gestiñt war, weil alles so fremd, und gleichgültig bei mir
vorüber ging, erst in Ihrem traulichen Stübchen ist mir wohl geworden
und der interessante Abend bei der G: Fink und bei Tieks war mir
eine wahre Herzstärkung! schade daß er so kurz war, und dieser Genuß
auch nicht wieder kehrte. Als wir den Abend nach Hause gingen
fragten Sie mich = ist denn Krug nicht eifersüchtig auf Kleist? =
Diese Frage hat mich beunruhigt, und ich fühle mich gedrungen
Dok. 3   darüber noch etwas zu sagen. Für Krug war meine Jugendgeschichte
kein Geheimniß, und als er um mich warb, sagte ich ihm ganz offen
daß Kleist mir niemals gleichgültig werden köñe, dennoch gab er
mir voll Vertraun seine Hand, und hat mir auch nie das geringste
Mistraun gezeigt, im Gegentheil, er war es, welcher Kleist

<1ᵛ>
Dok. 13₂₃, 15₁₃₉   damals in Königsberg wieder bei uns einführte, ohne daß ich
~~jemals~~ den Wunsch geäußert hätte. Als ~~er~~ ⌜Kleist⌝ im Jahre 1806

42

bei Añäherung der Franzosen Königsberg verließ, und später
in Dresden den Phöbus herausgab, brachte mir Krug das darin
abgedruckte Gedicht die beiden Tauben, und sagte = sieh da hat
dir dein Freund noch etwas gesungen =. Sie sehen aus allem
diesen daß mein Mann durch diese frühere Verbindung auch nicht
im geringsten beunruhigt wurde, wie sollte das jetzt noch der Fall sein,
wo ich ~~se~~ über 20 Jahre von Kleist getrennt bin, und er schon
12 Jahre im Grabe ruht. Ich kann versichern daß ich es nie bereut
habe nicht seine Frau geworden zu sein, doch ist mir sein Schicksal
sehr nahe gegangen, und sein Andenken wird mir imer werth
bleiben. Wie gern möchte ich Tieks Wunsch erfüllen und ihm
noch etwas von dem Kleistschen Nachlaß mittheilen, doch, ich muß
es nur bekeñen daß ich so thöricht war viele von seinen Briefen
zu verbreñen. Als ich mich verheirathete, ~~glaubte~~ nahm ich mir
vor, diese Briefe nicht wieder zu lesen, weil sie alle in der
höchsten Leidenschaft geschrieben, ⌈und⌉ da ich mir ⌈aber⌉ selbst nicht so viel
Kraft zutraute meinem Vorsatze treu zu bleiben verbrañte ich die
Briefe, zum Glück kam meine Schwester Luise dazu, und rettete

<2ʳ>

was ich noch besitze. Einen seiner ersten poetischen Versuche Ariadne
auf Naxos habe ich noch gefunden, und um den H D Tiek zu zeigen
wie gern ich ihm gefällig sein möchte, überschicke ich dieses. Vielleicht
eignet es sich i[m]n das Wendsche Taschenbuch aufgenomen zu werden, doch
will ich darüber gar nichts entscheiden, und überlasse das ganz seinem
Dafürhalten. In meinem Hause habe ich alles sehr wohl gefunden,
wir kamen noch früher als man uns erwartete, mein alter, und mein
junger Krug waren im Begriff uns entgegen zu reiten, meine Zimer
waren sehr schön mit Blumen und Kränzen geschmückt, und meine
liebsten Blumen, die Kinder, kamen mir gesund und freudig entgegen.
Auch mein Mutterchen fand ich sehr munter, und mein Hauswesen
in so guter Ordnung daß mir nichts zu wünschen übrig blieb.
Obgleich ~~wer~~ wir gern an das schöne Dresden und dessen freundliche
Bewohner zurückdenken, so freuen wir uns doch wieder zu Hause
zu sein, denn die häußliche ⌈Ordnung⌉ thut uns gar zu wohl. Mein
Mann, meine Mutter, und Schwester lassen sich Ihnen
und der Solger bestens empfehlen, auch die G Fink, und die
Tiekschen Familie grüßen Sie vielmals von uns allen.
Wie leid thut es mir die arme Solger so leidend zu finden

<2ᵛ>

ich hatte mich darauf gefreut recht viel mit ihr zusamen zu sein,
und habe sie leider so wenig gesehn. Führt Sie ihr Weg
einmal über Leipzig, so hoffe ich Sie sprechen bei uns ein,
mit großer Freude würde Sie empfangen

        Ihre

              Ihnen von Herzen ergebene
              Wilhelmine Krug

Hs.: Freies Deutsches Hochstift / Frankfurter Goethe-Museum. [Signatur:] Hs-2803; 1912 bei C. G. Börner, Leipzig (Katalog 22, Nr. 484), erworben.
3 *Werthgeschätzte Frau* dem Brief ist zu entnehmen, daß es sich bei der Adressatin nicht, wie von der neueren Forschung im Gefolge der fragmentarischen Wiedergabe und dezidierten Zuschreibung in Helmut Sembdners Dokumentationsbänden (Lebensspuren Nr. 147, Nachruhm Nr. 167) angenommen, um Henriette Solger handelt.
13 *G: Fink* Gräfin Finkenstein
28 die beiden Tauben »Die beiden Tauben, eine Fabel nach Lafontaine«, in: Phöbus, Zweites Stück, Februar 1808, 32-34.
45f. Ariadne auf Naxos nicht überliefert

11 <Wilhelm Traugott Krug:> Meine Lebensreise. In sechs Stazionen zur Belehrung der Jugend und zur Unterhaltung des Alters beschrieben von URCEUS. Nebst Franz Volkmar Reinhard's Briefen an den Verfasser. Leipzig, 1825. In der Baumgärtner'schen Buchhandlung.

<S. 139-141:>
Von der Zeit an ging es mir in Frankfurt recht wohl. Durch Vorlesungen, welche dort besser als in Wittenberg bezahlt wurden, und durch Schriftstellerei, die jetzt mehr als früher einbrachte, weil die Verleger nun besser honorirten, gewann ich mein anständiges Auskommen. Nur häuslich fühlt' ich mich unbefriedigt. Das vereinzelte Mannsleben, die Junggesellen-Wirthschaft behagte mir je länger je weniger. Anfangs warf ich meine Augen auf eine schöne Jüdin, die aber bald darauf starb. Nun hatt' ich im Hause des oberwähnten Generals nach und nach mehr Zutritt gefunden. Hausvater und Hausmutter schienen mir höchst ehrwürdig, die Töchter, deren nicht weniger denn sieben waren von 22 bis zu 2 Jahren, sehr liebenswürdig. Es war ein musikalisches Haus; daher wurden zuweilen kleine Konzerte gegeben, an denen ich mitspielend theilnahm. Die älteren Töchter sah' ich auch oft bei einem Prediger, Namens A h l e m a n n, der sie unterrichtet hatte und mein vertrauter Freund war. Was Wunder, daß unter diesen Umständen eine neue Zuneigung aufkeimte! Die älteste Tochter gefiel mir vornehmlich wegen ihrer sanften Gemüthsart (womit ich aber keineswegs gesagt haben will, daß die übrigen weniger sanft gewesen wären — man entdeckt nur nicht alles sogleich, weil man oft blind ist). Ich glaubte auch zu bemerken, daß ich jener nicht gleichgültig wäre. Ich bot ihr daher die Hand und sie nahm sie an. So knüpfte sich ein ehelicher Bund, dessen Frucht sechs Kinder gewesen, wovon noch vier (drei Söhne und eine Tochter) am Leben sind. Mehr davon zu sagen, verbietet mir die Bescheidenheit meiner Gattin, die noch unter den Sterb-

Dok. 3$_{288}$

lichen wandelt, während ich hier oben sitze und mein irdisches Leben beschreibe.

Nachdem der B r ä u t i g a m s s t a n d, der etwas lange dauerte, weil meine Braut erst ihre Stelle im Fräuleinstifte Lindow bei Ruppin zu veräußern hatte und sich nicht gleich eine passende Gelegenheit dazu fand — und der P o l t e r a b e n d, der unter mancherlei Scherzen schnell verflog — und die H o c h z e i t, die sehr glänzend, aber darum nicht vergnüglicher war — und die F l i t t e r w o c h e n, von denen man eben so wenig als aus der Schule schwatzen soll, da sie selbst eine Schule für die angehenden Ehegatten sind, oder auch eine Probezeit, wo die Neuvermählten gleich den Schnecken ihre Fühlhörner gegen einander ausstrecken, um zu erkunden, was sie denn eigentlich an einander haben und wie sich wohl ihr künftiges Geschick gestalten werde — nachdem, sag' ich, alle diese Dinge glücklich vorüber waren, und nachdem endlich auch der erste Sprössling dieser Ehe sich zu gebürlicher Zeit in der Welt der Erscheinungen eingefunden hatte: so bekam ich auf einmal einen doppelten Ruf ins Ausland nach ganz entgegengesetzten Richtungen.

Dok. 4
Dok. 2$_{58}$

<S. 344f., »Verbesserungen und Zusätze«:>
S. 141. Z. 4. von oben <= Absatz> ist noch Folgendes beizufügen: Ich bin hier eine Art von réparation d'honneur den B e r l i n e r i n n e n schuldig, von denen ich früherhin viel Böses gehört und auch wohl, wie man in solchen Dingen oft sehr leichtsinnig ist, nachgesagt hatte. Ebendarum hatt' ich mir fest vorgenommen, die Berlinerinnen wie die Pest zu fliehen und ums Himmelswillen keine von ihnen zu heirathen. Nun fügt' es sich aber durch ein seltsames Geschick und gleichsam zur Bestrafung meines Frevels, daß ich auf meine ganze Lebenszeit in das Garn einer Berlinerin fiel. Denn meine Frau war in Berlin nicht nur geboren, sondern auch erzogen, und eine so echte Berlinerin, daß sie noch, als ich ihre Bekanntschaft machte, zuweilen m i c h statt m i r sagte, wie die Dresdnerinnen umgekehrt zuweilen m i r statt m i c h sagen (was ich übrigens auf beiden Seiten für keinen Fehler halte, wenn es aus einem w e i b l i c h e n Munde kommt; denn da die Weiber schon von Natur ihre eigne Logik haben, so dürfen sie auch von Gottes und Rechts wegen ihre eigne Grammatik haben). Es hieß also auch bei meiner Verheirathung, wie fast immer im menschlichen Leben: „Der Mensch denkt, aber Gott lenkt." Indeß hat es mich nicht gereut, daß Gott anders lenkte, als ich dachte. Denn ich habe gefunden, daß man in Ansehung der Berlinerinnen mich

falsch berichtet oder vielmehr den bekannten Fehlschuß vom Besondern aufs Allgemeine gemacht hatte.

<S. 145:>
Jene Krankheit aber war der in Wittenberg ähnlich, obwohl minder gefährlich. Indessen nöthigte sie mich, meinen Abgang nach Königsberg bis in den Spätherbst des Jahres 1805 zu verschieben. Dieser Abgang war zwar ebenfalls schmerzlich, da ich mit den Meinigen die verehrte und geliebte Familie verlassen musste, aus welcher meine Frau stammte. Allein da ich nun schon an das Auswandern mehr gewöhnt war und jetzt Frau und Kind nebst einer mir sehr theuren Schwägerin mitnahm: so milderte dieß den Schmerz, und ich verließ Frankfurt als eine Art von Zwischenstazion, auf der ich nur etwas ausgeruht hatte, um einem größern Wirkungskreis entgegen zu gehn, zu welchem mir mein alter Freund und Gönner in Dresden herzlich Glück wünschte.

2 *Frankfurt* »Krug trug als „Professor philosophiae extraord." seinen Namen am 3. Dezember 1801 in das Inskriptionsalbum der Viadrina ein.« (HOFFMANN 1907/08, 103).
14 *22 bis zu 2 Jahren* demnach hätte die erste Begegnung zwischen Wilhelmine v. Zenge und Krug, in Ahlemanns Haus (Dok. 3, Z. 288), frühestens im September 1802 (nach Wilhelmines Geburtstag) stattgefunden; vgl. HOFFMANN 1907/08, 103, der diese Begegnung (nach Emilies Geburtstag) auf April 1802 legt.
18 *A h l e m a n n* cf. Dok. 2, Anm. zu Z. 33
32 *hier oben* Krugs Autobiographie beruht auf der Fiktion, daß ihr Verfasser bereits gestorben und im Himmel sei. 80 *Fehlschuß* lies: Fehlschluß

12 Luise von Zenge an ihre Angehörigen, Thun, 24.5.1831.

Thun, d. 24t. Mai (1831).... Aus den Fenstern unseres Gasthofs (der Freihof) haben wir eine sehr schöne Aussicht, die Ahr fließt unter unsern Fenstern vorbei, die Ahrinsel lacht uns daraus an, und eine Menge appetitliche Häuser, die ganz reizend im Grünen am Ufer und am Fuße grüner Berge liegen. Jenseits des Ufers blickt aus weiter Ferne die hohe, weiße Jungfrau ins blühende Thal, und die Blümlialp und der Niesen. Wir haben diesen Morgen einen Spaziergang nach dem einzig schön gelegenen Kirchhof gemacht. Denke Dir Minette, ich habe Kleists Bild hier aufgesucht, gefunden, und erobert. Ich freue mich unaussprechlich, der Familie diesen großen Wunsch erfüllen zu können. ...

Dok. $15_{29}, 17_4$

T+E: HOFFMANN 1903a, 151 [ohne Besitzernachweis]. — Über das Kleistbild sowie zum biographischen Kontext des Briefes, ibid.: »Das bekannte Miniaturgemälde, von dem in Kleists Briefen einigemale die Rede ist, hatte Wilhelmine von Zenge nach der Lösung des Verlöbnisses zurückgegeben. Es war dann in der Schweiz geblieben, bis es die „goldene Schwester" dort wiederfand. Louise von Zenge machte im Herbst 1830 eine Reise nach Nizza. Sie begleitete eine Frau von Blümner dorthin, die für ihren kranken Sohn Ernst an der Riviera Heilung suchte. Vergebens; Ernst von Blümner starb am 11. Januar 1831. Während der Rückreise, auf der Straße von Vevey nach Thun, in der Nähe von Rougemont, stürzte am 14. Mai der Wagen um, und Louise von Zenge verstauchte sich dabei die Hand. Die beiden Damen kamen am 23. Mai in Thun an."« — Für die Annahme, daß Kleist sein Bildnis noch während seines ersten Schweiz-Aufenthalts zurückerhalten hat, spricht eine Äußerung Ulrike v. Kleists in dem von HOFFMANN (ibid.; 107-112; hier: 111) erstmals publizierten Manuskript »Was mir Ulrike Kleist im Jahre 1828 in Schorin über Heinrich Kleist erzählte« (die Aufzeichnungen stammen wahrscheinlich [so HOFFMANN 1907/08, 108] von Wilhelmine v. Zenges Schwester Charlotte): »(In Thun in der Schweiz hatte er einen Kasten mit Sachen zurück gelassen, er schrieb dem Wirthe ihn ihm zu schicken. Der Kasten kam, begleitet von einem sehr herzlichen Briefe, worin sein ehemaliger Wirth ihm schreibt: er hätte in seiner Komode sein sehr ähnliches Bild gefunden, sie hätten alle große Freude darüber gehabt, und könnten sich nicht entschließen sich davon zu trennen, sie würden es noch behalten, und wenn er nicht darauf antwortete würden sie es als Erlaubniß ansehen es dort zu behalten. So ist das Bild noch immer in Thun, man weiß aber den Namen des Wirthes nicht.)«.

13 <Wilhelm Traugott> Krug's Lebensreise in sechs Stazionen von ihm selbst beschrieben. Nebst Franz Volkmar Reinhard's Briefen an den Verfasser. Neue, verbesserte und vermehrte, Ausgabe. Leipzig, Baumgärtner's Buchhandlung. 1842. S. 127f.

Der Dritte, nämlich H e i n r i c h   v o n   K l e i s t, hatte zu der Zeit noch nicht so ausgezeichneten Ruf, als jene Beiden und als er späterhin durch seine dramatischen Dichtungen und seinen tragischen Tod erwarb. Indessen fing er schon an, die Aufmerksamkeit des Publikums zu erregen; und zu mir selbst stand er in einem so eigenthümlichen Verhältnisse, daß ich noch aufmerksamer auf ihn sein musste. Denn meine Frau war seine erste Liebe gewesen. Auch würde seine Bewerbung um ihre Hand nicht erfolglos geblieben sein, wenn er nicht zu abenteuerliche Vorschläge damit verknüpft hätte. Ohne hinreichendes Vermögen zur Subsistenz einer Familie wollt' er dennoch keine Anstellung in der Heimat suchen, sondern mit seiner Geliebten nach der Schweiz ziehen, um dort ein idyllisches Leben zu führen. Deshalb versagten die Eltern ihre Einwilligung und, wie ich glaube, zum Glücke für ihre Tochter. Denn bei dem launenhaften und unsteten Wesen dieses Mannes würde sie schwerlich ein sehr idyllisches Leben gefunden haben. Er war so unglücklich organisirt, daß er sich fast immer in einem fieberhaften Zustande befand; woraus auch manche Seltsamkeit in seinen Dichtungen zu erklären sein dürfte. Das erste Zusammentreffen mit ihm hatte etwas Peinliches, sowohl für ihn als für uns selbst. Nach und nach aber gewöhnte man sich

Dok. $10_{24}, 15_{139}$

Dok. 15₁₆₅ von beiden Seiten daran, frühere Lebensverhältnisse zu vergessen; und ich gestehe, daß ich, wenn er eben heiter gestimmt war, einen recht unterhaltenden Gesellschafter in ihm fand. Doch war jene Stimmung die seltnere. Meist war er in sich gekehrt und düster. Als ich ihn daher einmal besuchte und in solcher Verstimmung am hellen Mittag im Bette liegend gefunden hatte, konnt' ich mich nicht enthalten, zu meiner Frau zu sagen: „Ich fürchte, unser Freund K. thut sich noch ein Leides an!" Daher war ich auch gar nicht betreten, als ich sein tragisches Ende vernahm. Ich wunderte mich vielmehr, daß er noch so lange ausgedauert hatte. Hier oben aber ist er ganz heiter, gleich allen andern Himmelsbewohnern. Ja er kann es selbst nicht begreifen, warum er auf der Unterwelt so ein Narr gewesen und sich immer mit so düstern Vorstellungen gequält habe. Ein andrer Himmelsbewohner meinte zwar, der Grund möchte wohl darin gelegen haben, daß er ein Poet gewesen; denn die wären stets mit der Welt unzufrieden, weil ihre Werke nicht genug gepriesen würden. Ich erwiderte aber, daß ich doch auch manchen heitern Poeten gekannt hätte, mithin der Grund wohl nur in einem unglücklichen Organismus gelegen haben könnte.

1 *Der Dritte* von Krugs Bekannten während seiner Königsberger Jahre neben Fichte und Kotzebue
37 *Hier oben* cf. Anmerkung zu Dok. 11

14 Eduard von Bülow an Georg Reimer: <A:> Dresden, 13.11.1845; <B:> Venedig, 28.2.1846.

<A:>
Hierbei übersende ich Ihnen das wohl getroffene P o r t r a i t H. v. K l e i s t s, das einzige vorhandene, das ich mir mit einiger Kunst und Mühe verschafft habe. Ich freue mich sehr, daß es gelungen ist, und bitte Sie danach den Stich des Titelkupfers für die ausgewählten Schriften gleich besorgen zu lassen. Die Frau Besitzerin des Bildes möchte es so bald wie möglich zurück erhalten... Kleist ist auf dem Bilde etwa 23 Jahre. Die Ähnlichkeit ist vollkommen; nur daß er im allgemeinen etwas zu jugendlich erscheint. Der Körper könnte wohl, wie bei Novalis, wegbleiben und nur mit flüchtigen Strichen angedeutet werden. Dabei fiele auch der Übelstand des steifen Rockkragens weg, der, wie bei so vielen Bildern, daher entstanden, daß dem Künstler der Gegenstand g e s e s s e n, während er ihn s t e h e n d vorgestellt.

<B:>
Es tut mir leid, daß Sie Kleists Bild nicht benutzt haben. Seine ehemalige B r a u t und F r l. v. Z e n g e, sowie General R ü h l e, seine nächsten Freunde, finden es doch s e h r ähnlich. T i e c k hat ihn nicht lange gesehen... Meine Biographie ist fertig und ich habe noch manche wichtige Dokumente dazu erhalten.

Dok. 3₂₅₄

T: Eugen Wolff (Hg.), *Heinrich von Kleist: Die Hermannsschlacht.* Kritische Ausgabe mit Erläuterungen. Minden o. J. [1903], 121. [= Meisterwerke von Heinrich von Kleist, mit Erläuterungen von Eugen Wolff. IV.]. — *E:* Eugen Wolff, *Ein neues Originalbild von Heinrich v. Kleist?,* in: Zeitung für Litteratur, Kunst und Wissenschaft. Beilage des Hamburgischen Correspondenten, Nr. 2, 26.1.1902.
7 *ausgewählten Schriften* Die vierbändige Ausgabe »Heinrich von Kleist's ausgewählte Schriften. Herausgegeben von Ludwig Tieck. [...] Berlin, Druck und Verlag von G. Reimer. 1846 [1847 (Bd. 4)].«
8 *Frau Besitzerin* Ulrike v. Kleist (ROTHE, 141)

15 Heinrich von Kleist's Leben und Briefe. Mit einem Anhange herausgegeben von Eduard von Bülow. Berlin: Verlag von Wilhelm Besser. 1848.

<S. VI:>
Die Hauptquellen meiner Nachrichten waren zunächst der General-Lieutnant Rühle von Lilienstern und dessen Gemahlin, — Beide im vergangenen Jahre vom Tode ereilt, — welche mit dem Herrn von Pfuel, commandirendem Generale in Westphalen, zu Kleists vertrautesten Freunden gehört hatten. Dann die beiden verehrungswürdigen Frauen, deren die Briefe vorzugsweise gedenken und endlich, in Betreff der näheren Umstände vom Tode Kleists, Henriettens Familie.

<S. X:>
Der A n h a n g bringt auch einige schöne Verse, welche Kleist, echt dramatisch in der Sprache, schon früh für W i l h e l m i n e gedichtet hat. Sie sind bereits 1830 in einem Musenalmanache abgedruckt worden.

<S. XIIf.:>
Ich habe nicht gehört, daß Kleist mehreremale in seinem Leben portraitirt worden sei. Einen Schattenriß von ihm, der sehr ähnlich gewesen sein soll, hatte seine Freundin, Frau Lohse, geborne von Schlieben angefertigt.
Das von dem alten Krüger im Jahre 1801 gemalte Miniaturbild dürfte also wohl das einzige sein, welches von Kleist überblieben. Kleist schenkte es damals seiner ehemaligen Braut und bespricht die Mängel des Bildes

Dok. 3₁₉₅

im Briefe 9.

Nach dem Erlöschen seines Verhältnisses zu Wilhelminen erhielt er es zurück und hinterließ es im Jahre 1802, in seiner Krankheit, in Thun. Dort fand es später eine treue Freundin glücklicherweise wieder und löste es ein. Der hohe Werth, welchen sie darauf legt, bezeugt seine Ähnlichkeit.

Es ist mir hier gestattet, eine Nachbildung desselben, als Titelblatt, den Freunden des Dichters zu widmen.

<S. 10f.:>
Es währte nicht lange, so hatte Kleist's Erscheinung in dem Familienkreise, zu dem auch die Töchter eines ganz nahebei wohnenden Generals gehörten, dessen Gestalt vollkommen umgewandelt. Als gute Preußen der damaligen Zeit sprachen namentlich die Damen ein sehr schlechtes Deutsch. Dies stellte ihnen Kleist als eine Schande vor und ertheilte ihnen Unterricht in ihrer Muttersprache. Sie mußten ihm insgesammt, nach aufgegebenen Thematen, Aufsätze machen, und er war sehr erfreut, wenn sich eines mit Ehren aus der Sache zog.

Er sorgte für die Lektüre der jungen Mädchen, brachte ihnen die besten Dichter, las ihnen vor und ließ sich ihre Bildung eifrigst angelegen sein.

Als er nachmals den Gedanken gefaßt hatte, Professor zu werden, hielt er ihnen sogar ein Kollegium über die Kulturgeschichte, zu welchem er sich ein ordentliches Katheder hatte bauen lassen. Er betrieb dies Geschäft mit solchem Ernste, daß, als einmal eine seiner Zuhörerinnen auf einen vorüberkommenden Zug aufmerksamer als auf ihn war, er plötzlich sehr erzürnt abbrach, und seine Vorlesungen auf lange Zeit einstellte, um sich nur erst nach vielen Bitten und mit vieler Mühe zu ihrer Fortsetzung überreden zu lassen.

Kleist ging neben diesen ernsteren Beschäftigungen, nicht minder auf die Spiele der jungen Mädchen ein und als sich deren Neigung dereinst Sprüchwörtern zugewendet hatte, richtete er nicht nur mehrere zum Aufführen ein, sondern schrieb auch ganz besonders einige für sie, die er ihnen sorgfältigst einstudirte und mit denen er ebenso wie mit seinen Neujahrs- und Gelegenheitsgedichten vielen Beifall erwarb.

<S. 13f.:>
Es ist bereits bekannt, daß sich Kleist um diese Zeit mit einem jungen Mädchen aus einer sehr angesehenen Familie verlobt hatte, die durch das Schicksal später wieder von ihm getrennt und einer anderen Verbindung zugeführt worden war.

Dieses Verhältniß hatte natürlich einen wesentlichen Einfluß auf sein Leben ausgeübt, und es mußten also auch Kleists Briefe an seine Braut für die Geschichte seines Innern theilweise wichtig sein. Ein halbes Jahrhundert, welches darüber hingegangen ist, hat die zartesten Bedenken gegen die Veröffentlichung gehoben und so wurden sie mir auf meine Bitte mitgetheilt. Ich lege sie hierbei dem Publikum vor, und beziehe mich in dieser Lebensskizze gelegentlich auf die charakteristicheren Stellen. — Dok. 8_{18}

Kleist hatte bei seiner Verlobung die Grille als Gundsatz gelten gemacht, daß die Eltern nichts davon zu wissen brauchten, wenn zwei Liebende sich für einander bestimmt hätten, und erklärte, daß, sobald erst über ein solches Verhältniß gesprochen werde, oder Oheims und Basen sich hineinmischten, es für ihn allen Reiz verlöre. Eine geistvolle Schwester seiner Braut, die jederzeit sein besonderes Vertrauen besessen und verdient hat, und die er seine goldne Schwester zu nennen pflegte, war deshalb eine geraume Weile die einzige Mitwisserin des Geheimnisses der Liebenden; da es den jungen Mädchen aber auf die Dauer allzu peinlich ward, es ihren Eltern verborgen zu halten, mußte es ihnen Kleist am Ende selbst sagen. — Dok. 3_{99}

Kleists leidenschaftliche Liebe verlangte von seiner Braut zuletzt, das sie nichts freuen sollte, als was sich auf ihn bezog, und es verging selten ein Tag, an dem er nicht über Mangel an Liebe gegen sie zu klagen hatte. Wiewohl er Haus an Haus mit ihr wohnte, und sie täglich sah, schrieb er ihr beinahe täglich die leidenschaftlichsten Briefe.

Er hatte mittlerweile seinen Studienplan geändert, und die Diplomatie zu seinem künftigen Lebensberufe gewählt, indem er sich schmeichelte, binnen kurzem einen Gesandtschaftsposten zu erlangen. Die Eltern seiner Braut hielten zwar dafür, daß er mit seinen Hoffnungen etwas zu voreilig sei, wollten ihm aber in seinem Plane nicht geradezu entgegen sein. Die Verlobung des Paares blieb dabei in sofern ein öffentliches Geheimniß, als es aller Welt bekannt war, ohne daß man eben davon sprechen durfte. — Dok. 3_{128}

⟨S. 23f.:⟩
Seine Braut war anders als er es sich eingebildet hatte, und that also vollkommen Recht an sich und ihm, einen so heroischen Entschluß, als er ihr zugemuthet hatte, nicht zu fassen. Sie würde ihn unter den bestehenden Umständen nicht haben glücklich machen können. Sie entdeckte Kleists wunderlichen Lebensplan ihren Eltern,

die darüber ein sehr ungünstiges Urtheil fällten, und that ihm dies, als Antwort auf seine letzten Briefe 18. und 19. so schonend als sie es im Stande war, zu wissen.

Dok. 3_{213}

Die Folge dieses Schrittes war, daß Kleist fünf Monate ganz und gar gegen sie schwieg und ihr zuletzt nur noch einen kurzen Brief schrieb, in welchem er sich bitter über ihre Kälte beklagte und hinzufügte, daß er nun allerdings zu der Einsicht gekommen sei, sie habe ihn nie geliebt, und werde ihn nie lieben. Auf diese Art war das Verhältniß zwischen beiden abgebrochen.

<S. 44-46:>
Als Kleist im Jahr 1804 auf seiner Reise nach Königsberg durch Frankfurt a. O. gekommen war, hatte er es eben sowohl wie seine ehemalige Braut vermieden, einander zu sehen, und erst im Jahr 1806 kamen Beide wieder in Königsberg zusammen, wohin die junge Dame, welche sich unterdeß verheirathet hatte, mit ihrer Schwester und ihrem Gatten gezogen war.

Das erste Wiedersehen des Paares war ein äußerst peinliches, inmitten einer großen Gesellschaft.

Dok. $10_{24}, 13_{23}$

Nachdem sich Kleist eine lange Weile fern von seiner ehemaligen Braut gehalten hatte, ging er auf ihre Schwester zu, die er wieder seine goldene Schwester nannte und forderte sie zum Tanzen auf. Er sprach weich und herzlich mit ihr, schüttete, unter vielen Selbstanklagen, sein ganzes Herz vor ihr aus und fragte sie, ob sie ihn würden wiedersehen wollen? Die Schwester stellte ihn ihrem Schwager vor, der ihn selbst zu ihnen zu kommen bat und so ward er bald ihr täglicher Gast, las ihnen seine kleinen damals noch nicht gedruckten Erzählungen vor und hörte gern ihre Urtheile darüber an.

Die Kunst vorzulesen war ein Gegenstand, über den Kleist viel nachgedacht hatte und oft sprach. Er fand es unverzeihlich, daß man dafür so wenig thue und Jeder, der die Buchstaben kenne, sich einbilde, auch lesen zu können, da es doch eben so viel Kunst erfordere, ein Gedicht zu lesen, als zu singen, und er hegte daher den Gedanken, ob man nicht, wie bei der Musik, durch Zeichen auch einem Gedichte den Vortrag andeuten könne? Er machte sogar selbst den Versuch, schrieb einzelne Strophen eines Gedichtes auf, unter welche er die Zeichen setzte, die das Heben, Tragen, Sinkenlassen der Stimme u. s. w. andeuteten, und ließ es also von den Damen lesen.

Dok. 13_{29}

Die beiden Schwestern fanden Kleist stiller und ernster als ehemals geworden, obwohl ihm seine kindliche Hingebung geblieben und seine Phantasie glühender als jemals war.

Das Verhältniß, in welchem Kleist bei der Kammer angestellt, mißfiel ihm, nach seinen Äußerungen gegen die Damen, in hohem Grade, und er fand es unerträglich, sich Männern, die er übersah, untergeordnet zu sehen. Er war damals überhaupt mit sich und der ganzen Welt unzufrieden und es entsprach nichts seinen Erwartungen.

Es war sein innigster, bis zur Verzehrung heißester Wunsch, der Welt mit allen Kräften zu nützen, und auch von ihr anerkannt zu werden: er sollte aber, so lange er lebte, nicht den mindesten Erfolg von seinen Anstrengungen sehen.

Seine Verstimmung über sein Schicksal steigerte sich gegen das Ende des Jahres 1806 bis zum heftigsten Schmerz und daneben mußte seine glühende Liebe für sein Vaterland dasselbe in die tiefste Schmach versinken sehen! Er war jetzt öfters völlig außer sich, hatte keinen andern Gedanken mehr als diesen, und sah alle Schrekken, die noch kommen sollten, mit Gewißheit voraus. Auch war seine Gesundheit schon sehr angegriffen, er hatte häufig Fieber und lag oft ganze Tage lang, wie er freilich sagte, mehr aus Unlust als aus Unwohlsein, zu Bett, oder ließ sich doch, in sein Zimmer verschlossen, vor keinem Menschen sehen.

Von allen Bekannten und Gesellschaften zurückgezogen, gab er endlich selbst seine Stelle beim Departement auf.

<S. 57:>
Im Jahre 1809 sah ihn die Schwester seiner Braut zum letztenmal in Frankfurt a. O. wieder, verstimmt und gebeugt durch das fortwährende Unglück des Vaterlandes, sowie tief gekränkt, daß seine im Druck erschienenen Dichtungen so wenig Eingang im Publikum gefunden hatten. Er sagte ihr eines Tags eine Strophe aus einem Gedichte her, welche ihr sehr gefiel, und sie fragte ihn, von wem das sei. Darüber schlug er sich mit beiden Händen vor die Stirne und sagte in tiefstem Schmerz: Auch Sie kennen es nicht? O, mein Gott! warum mache ich denn Gedichte?

Ein andermal äußerte er sich in ihrer Gegenwart sehr heftig über den Selbstmord und sagte etwa: Solch ein Mensch komme ihm gerade so vor, wie ein trotziges Kind, dem der Vater nicht geben wolle, was es verlange, und das danach hinauslaufe und die Thür hinter sich zuwerfe.

12 *Verse* die in Kleists Handschrift überlieferten und signierten Verse »Nicht aus des Herzens bloßem Wunsche ...«; Bülow druckt das Gedicht, für welches Kleists Verfasserschaft umstritten ist (cf. Klaus Kanzog, *Edition und Engage-*

53

ment. 150 Jahre Editionsgeschichte der Werke und Briefe Heinrich von Kleists, Bd. 2, Berlin/New York 1979, 347f.), unter dem Titel »An Wilhelmine«. Im Erstdruck: »Musenalmanach für das Jahr 1830. Herausgegeben von Amadeus Wendt. Leipzig, Weidmannische Buchhandlung, G. Reimer [1829]«, 89-93, lautet der Titel: »Nachgelassene Sprüche von Heinrich von Kleist.«

19 *Schattenriß* nicht überliefert; Theophil Zolling [*Heinrich von Kleists Werke* (1885), Bd. 1, Vorwort, Anm. zu S. XXVI], der den Nachlaß Karoline Lohses geb. v. Schlieben gesichtet hat, fand den »Schattenriß, den Karoline von Kleist machte und der ihm sehr ähnlich gewesen sein soll (vgl. Bülow XII), nicht vor.«

22 *Krüger* diese Mitteilung korrigiert Bülow im Handexemplar seines Buches: »Der Maler von Kleists Bild hier nicht der alte Krüger, sondern Friebel.« (nach Georg Minde-Pouet, *Heinrich v. Kleist im Bilde*, in: Bühne und Welt 8 (1905), Nr. 4, 151-156; hier: 155); den genannten Friebel identifiziert ROTHE, 141f., als den aus Wetzlar stammenden, seit 1800 in Berlin tätigen Maler Peter Friedel.

26 *Briefe 9* aus Berlin, 9.4.1801.

29 *Thun* cf. Anmerkung zu Dok. 12

33 *Nachbildung* nach einem Stich von Carl Hermann Sagert (1822-1889); cf. Abbildung im Anhang II.

68 *bereits bekannt* cf. Eduard v. Bülow, *Über Heinrich von Kleists Leben*, in: Monatblätter zur Ergänzung der Allgemeinen Zeitung, November 1846, 512-530; hier: 514.

75 *Briefe an seine Braut* gegenüber BIEDERMANN 1881/82, 1884 teilt Bülow nur knapp die Hälfte des überlieferten Briefkorpus mit

89 *geistvolle Schwester* Luise v. Zenge

122f. *Briefe 18. und 19.* Paris, 10.10.1801 und 27.10.1801

132 *im Jahr 1804* recte: Mai 1805

16 Karl Biedermann (Hg.), Aus Heinrich von Kleists Lebens- und Liebesgeschichte. Ungedruckte Briefe des Dichters, in: Nord und Süd, Bd. 19 (1881), 106 (Anmerkung).

Dok. 3₁₉₆

Diese Tasse, ein Geschenk Kleists an seine Braut (sie wird noch in deren Familie aufbewahrt), enthält folgende Inschriften: auf dem Boden der Obertasse: „Vertrauen", auf dem der Untertasse: „und" und auf der Rückseite des Bodens der Untertasse: „Einigkeit", so daß das Ganze — eine Art von Rebus — bedeutet: „Vertrauen auf und Einigkeit unter uns!"

Biedermann macht diese Anmerkung zu Kleists Brief an Wilhelmine v. Zenge, Dresden, 3.9.1800: »Sei ruhig, und wenn das Herzchen unruhig wird, so ließ die Instruction durch, oder besieh' Deine neue Tasse von oben und unten.« — Vgl. Kleists Briefe aus Würzburg, 15.9.1800: »Verstehst Du die Inschrift der Tasse? Und befolgst Du sie? Dann erfüllst Du meinen innigsten Wunsch. Dann weißt Du, mich zu ehren.«, und Berlin, 9.4.1801: »Also n i e m a l s Mißtraun oder Bangigkeit. V e r t r a u e n auf uns, E i n i g k e i t unter uns!«

17 Theophil Zolling, Vorwort zu: Heinrich von Kleists sämtliche Werke. Erster Teil. Gedichte. Familie Schroffenstein. Familie Ghonorez. Herausgegeben von Theophil Zolling. Berlin und Stuttgart, Verlag von W. Spemann, o. J. <1885>. <= Deutsche National-Litteratur, 149. Band>. — Anmerkung zu S. XXIV.

Als später dieses Verhältnis sich löste, gab Wilhelmine das Bild der Schwester Ulrike zurück; durch sie erhielt Kleist es wieder. Er nahm es auf seiner zweiten Schweizerreise mit und hinterließ es 1803 in Thun. „Dort fand es," wie Bülow (XIII) erzählt, „später eine treue Freundin glücklicherweise wieder und löste es ein; der hohe Wert, welchen sie darauf legt, bezeugt seine Ähnlichkeit." Diese Nachricht können wir nach mündlichen Mitteilungen einer Nichte Kleists ergänzen. In den vierziger Jahren reiste Wilhelminens „goldene" Schwester Luise v. Zenge in Gesellschaft eines Fräulein Blümner in die Schweiz. Der Zufall wollte, daß ihr Wagen gerade bei Thun umwarf, so daß die beiden Damen, etwas kontusioniert, einige Zeit das Zimmer hüten mußten. Indessen erinnerte sich Luise, daß sich Kleists Miniaturbild hier vorfinden müsse, und durch die Vermittlung ihres Arztes wurde es bei einem Prediger ausfindig gemacht. Das Bild des „lieben jungen Deutschen", der eine Zeitlang diese Gegend bewohnt hatte, war dem verstorbenen Großvater des Besitzers geschenkt worden und stand seit drei Generationen hoch in Ehren. Die jetzige Besitzerin des reizenden Bildes hatte die Güte, es uns zum Zwecke photographischer Reproduktion anzuvertrauen, und eine Heliogravüre davon schmückt die vorliegende Ausgabe. Ein Vergleich mit dem Sagertschen Stich (bei Bülow) zeigt, daß wir es dort mit einer ganz willkürlichen Wiedergabe zu thun haben. Kleist besaß weder die hohe Stirne, noch die großen Augen, die ihm Sagert angedichtet hat. Das Original sah weniger bedeutend, aber freundlicher, träumerischer aus. Sagert versicherte uns übrigens, daß seine ursprüngliche Bleistiftzeichnung, die seinem Stiche zu Grunde lag, dem Krügerschen Bilde viel ähnlicher sah, aber Varnhagen, der in Bülows Auftrag die Reproduktion überwachen sollte, machte, mit seinem Bleistift in der Hand, so viel Ausstellungen an Original und Kopie, daß sich Sagert immer mehr von seinem Vorbild entfernen mußte.

Dok. $3_{253}, 15_{28}$

Dok. $12, 15_{29}$

Dok. $12_{Anm.}$

Dok. 15_{33}

21f. *jetzige Besitzerin* Ulrike v. Kleists Nichte Germanie v. Schönfeldt (ROTHE, 142).

Anhang 1:
Familie von Zenge

Eltern

☐ August Wilhelm *Hartmann* von Zenge (Ober-Gebra 11.10.1736-Berlin 29.11.1817): Offizier seit 1756; 5.2. 1799 Chef des Infanterieregiments Nr. 24 in Frankfurt/Oder, am 20.5.1799 Ernennung zum Generalmajor; das Regiment wird nach dem Frieden von Tilsit aufgelöst; Zenge, der sich im Oktober 1806 bei einem Reitunfall schwer verletzt, wird 1807 auf halbes Gehalt gesetzt; 1813 Versetzung in den Ruhestand; cf. Todesanzeige in der Spenerschen Zeitung vom 9.12.1817 [mitgeteilt von Paul Hoffmann, *Heinrich von Kleist und die Seinen*, in: Archiv f. d. Studium d. neueren Sprachen u. Literaturen 84 (1929), 161-185; hier: 175].
Verheiratet seit 3.12.1776 mit
☐ *Charlotte* Margarete geb. von Wulffen (Quedlinburg 3.9.1760-Pretzsch b. Wittenberg 29.8.1838): zweite Tochter von Christoph Heinrich v. Wulffen; nicht verwandt mit Karoline Luise v. Wulffen, Joachim Friedrich v. Kleists erster Gemahlin und Mutter von Heinrich v. Kleists Stiefschwestern Wilhelmine und Ulrike [vgl. hierzu: Paul Hoffmann, *Urkundliches über H. v. Kleist*, in: Frankfurter Oder-Zeitung, 26./27.4.1905].

Kinder

☐ *Karl* Friedrich Georg (Berlin 23.8.1777-Berlin 30.1. 1802): Eleve der »Académie militaire«; ab 1797 im Regiment von Kunheim, Berlin; zuletzt Sekondeleutnant und Adjutant; seine Berliner Wohnung, Contreescarpe 65, teilt er mit Kleist in der Zeit zwischen dessen Rückkehr aus Würzburg und der Reise nach Frankreich; Tod durch die Folgen einer Halsentzündung; cf. Todesanzeigen in der Vossischen Zeitung vom 9. und 13.2.1802 [mitgeteilt von Sigismund Rahmer, *Heinrich von Kleist als Mensch und Dichter* (Berlin 1909), 51f.].
☐ *Wilhelmine* Charlotte (Berlin 20.8.1780 Berlin-Leipzig 25.4.1852[1]): heiratet am 8.1.1804 in der Marienkirche zu Frankfurt/Oder den Philosophieprofessor Wilhelm Traugott Krug (Radis b. Wittenberg 22.6.1770-Leipzig 12.1. 1842); im Oktober 1805 übersiedelt das Ehepaar zusammen mit Luise v. Zenge nach Königsberg, wo Krug Kants Lehrstuhlnachfolger wird; 1809 folgt Krug einem Ruf nach Leipzig, wo die Krugsche Familie fortan ihren Wohnsitz hat.
☐ Friederike *Luise* Auguste (Berlin 13.1.1782-Lindow 25.1.1855[2]): Oktober 1805 mit dem Ehepaar Krug Übersiedlung nach Königsberg; 1815 Konventualin im weltli-

chen Fräuleinstift Lindow bei Neuruppin; 1821-1831 Aufenthalt in Italien sowie Reisen nach Südfrankreich und in die Schweiz; 1845 bis zu ihrem Tod Domina von Lindow.

☐ *Charlotte* Christiane (Berlin 26.4.1783- ?): 1814 Heirat mit Philipp v. Stojentin, der in erster Ehe seit 1794 mit Kleists Schwester Friederike (17.12.1775-7.11.1811) verbunden war.

☐ Friederike Auguste (Berlin 19.9.1784-20.10.1786)

☐ Friedrich Ferdinand *Leopold* (Berlin 19.9.1786-Berlin 25.4.1794)

☐ *Henriette* Karoline (Berlin 3.9.1787-16.3.1813): seit 1811 verheiratet mit Heinrich Gottlob v. Berge und Herrndorf (Ottendorf b. Bunzlau).

☐ *August* Alexander (Berlin 9.4.1789-Warmbrunn 26.8. 1865): auf Peterswalde bei Sagan; 5.6.1817 Heirat mit Johanne Wilhelmine Juliane v. Dallwitz; 1823 Major in Geldern, später Oberstleutnant; nimmt 1841 seinen Abschied.

☐ *Sophie* Eleonore Wilhelmine (Berlin 22.8.1790-5.3. 1793)

☐ *Karoline* Margarete (Berlin 13.2.1792- ?): zuletzt Vorsteherin des Waisenhauses zu Schloß Pretzsch b. Wittenberg.[3]

☐ *Alexander* Levin Joachim (Berlin 3.1.1794-18.4.1814): zuletzt Sekondeleutnant im 1. Garderegiment zu Fuß.

☐ *Julie* Auguste (Berlin 6.9.1796-Marienfließ 4.3.1873): Konventualin in Marienfließ.

☐ Christian *Adolf* (Berlin 13.11.1798-Berlin 26.2.1814): zuletzt Kadett in Berlin.[4]

☐ *Emilie* Auguste (Frankfurt/O. 29.4.1800[5]- ?): verheiratet mit General Christoph Alexander v. Wulffen.

Zu den Geburts- und Todestagen cf. *Gothaisches Genealogisches Taschenbuch der Adeligen Häuser*. Deutscher Uradel. 25.-Jubiläums-Jahrgang. 1924. (Gotha o. J.), 832-833; zu A. W. H. v. Zenge und seiner Familie vgl. a. Kurt v. Priesdorff (Hg.), *Soldatisches Führertum*, Bd. 3, Hamburg o. J. [1937], 63-64, s.v. August Wilhelm Hermann [!] von Zenge.
1 Sterbedatum lt. BIEDERMANN 1884, XXIV.
2 Sterbedatum lt. HOFFMANN 1902, 114.
3 Priesdorff (Anm. 1), 64.
4 Daten nach Priesdorff (Anm. 1), 64; cf. Gotha: Todesdatum 1810 (Kgl. preußischer Kadett in Stolp).
5 27.4.1800 als Geburtstag bei Karl Siegen, Heinrich v. Kleist und Wilhelmine v. Zenge, in: Akademische Blätter 1 (1884), 363-369; hier: 366.

Anhang 2:
Abbildungen

1 Heinrich v. Kleist: Farbiges Miniaturporträt von Peter Friedel, Pastell auf Porzellan (Originalgröße: 7 x 5,5 cm); Bes.: Staatsbibliothek zu Berlin - Preußischer Kulturbesitz.

2 Heinrich v. Kleist: Stich von Carl Hermann Sagert nach Friedels Miniatur (Originalgröße: 11,9 x 8,8 cm), bezeichnet: »Nach einem Miniatur Gemälde. Gest. von H. Sagert.«; in: Heinrich von Kleist's Leben und Briefe. Mit einem Anhange herausgegeben von Eduard von Bülow. Berlin. Verlag von Wilhelm Besser. 1848, Frontispiz.

3 Heinrich v. Kleist: Heliogravüre nach Friedels Miniatur (Originalgröße: 6,5 x 5 cm), bezeichnet: »HELIOGR. D. REICHSDRUCKEREI.«; in: Heinrich von Kleists sämtliche Werke. Erster Teil. [...] Herausgegeben von Theophil Zolling. Berlin und Stuttgart, Verlag von W. Spemann [1885], Titelbild.

4 Wilhelmine v. Zenge: Farbiges Miniaturporträt von unbekannter Hand, Wasser- und Deckfarben auf Karton (Originalgröße: 6,5 x 5 cm); Bes.: Kleist-Gedenk-und-Forschungsstätte Frankfurt/Oder.

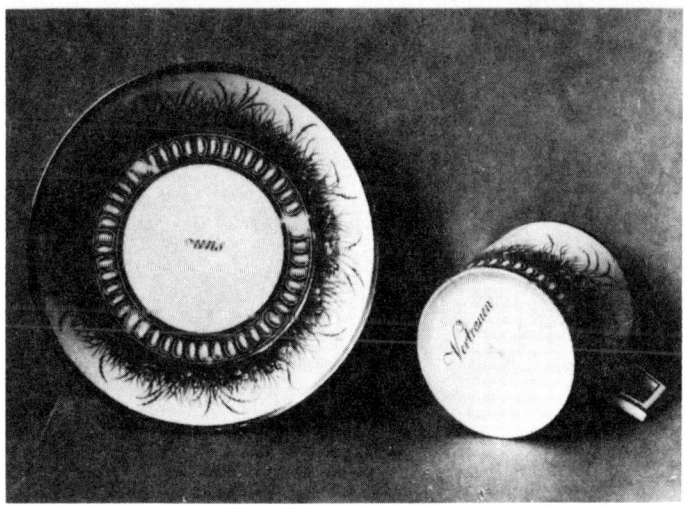

5 Bes.: Kleist-Gedenk-und-Forschungsstätte Frankfurt/Oder.

Doris Borelbach
Zettels Alptraum

Zum Beginn der Erschließung des handschriftlichen Nachlasses von Georg Minde-Pouet in der Amerika-Gedenkbibliothek, Berlin

Angeregt vom Berlin-Brandenburger Kleist-Klub und gefördert mit Mitteln des Bundesministeriums des Innern sowie der Länder Brandenburg und Berlin ist im Sommer 1993 ein Projekt begonnen worden, das seit Jahrzehnten zu den dringlichsten Desideraten der Kleist-Forschung zählt: die Erschließung, Archivierung und Dokumentation des handschriftlichen Nachlasses von Georg Minde-Pouet in der Amerika-Gedenkbibliothek (AGB), Berlin. Mit der Erarbeitung dieses Teils der in der AGB aufbewahrten Kleist-Sammlung, deren gedruckte Bestände Ende der 50er Jahre bibliographisch erfaßt worden sind, wird eine Fülle nichtpublizierten, wiewohl größtenteils zur Veröffentlichung vorgesehenen Materials zugänglich gemacht.

Georg Minde-Pouet (1871-1950), u. a. Direktor der Deutschen Bücherei in Leipzig und verantwortlicher Bearbeiter der Neuen Folge von »Goedekes Grundriß«, hat sich parallel zu seiner bibliothekarischen Laufbahn als Kleist-Forscher und Kleist-Herausgeber einen Namen gemacht. Eng mit ihm verknüpft ist auch die Geschichte der 1920 gegründeten Kleist-Gesellschaft. Er war es, der 1933 die Einordnung der Gesellschaft in die nationalsozialistische Kulturpolitik vehement betrieb. Für die Jahrbücher, welche unter dem Patronat der Kleist-Gesellschaft erschienen, war Minde-Pouet von Beginn an als einer der Herausgeber verantwortlich. In ihnen publizierte er sukzessive eine Kleist-Bibliographie, die die Primär- und Sekundärliteratur seit 1914 ausführlich verzeichnet. Bereits in den Jahren 1904/06 erschien eine von ihm und Reinhold Steig bearbeitete, von Erich Schmidt herausgegebene, kritische Gesamtausgabe der Werke Heinrich von Kleists in fünf Bänden. Die zweite, erweiterte Auflage von 1936/38 blieb Fragment; es fehlt Band 8 mit kritischem Apparat und wissenschaftlichem Kommentar. Der handschriftliche Nachlaß, der nun erschlossen wird, enthält hierzu umfangreiches Material. Zusammen mit den zahlreichen Monographien sowie dem reichhaltigen von Minde-Pouet gesammelten Zeitschriften- und Zeitungsmaterial bildet er den Grundstock der Sammlung Kleist, die 1950 von der Wissenschaftlichen Zentralbibliothek in Berlin-Dahlem erworben wurde. In der 1954 eröffneten Amerika-Gedenkbibliothek / Berliner Zentralbibliothek wurde die Kleist-Sammlung als erste literarische Sammlung in die Bestände eingebracht.

Der handschriftliche Nachlaß von Georg Minde-Pouet besteht zum einen aus zwei Kartons mit Kuverts, die Notizen zum Kommentar der zweiten Gesamtausgabe, aber auch zur Biographie Kleists enthalten. Darunter wiederum findet sich vornehmlich Material zu den 220 Briefen, die Band 1 und 2 der Ausgabe von 1936/38 umfassen. Zu archivieren sind weiter drei große sowie eine kleinere Zettel-Kartei zur Kleist-Bibliographie, schließlich ein großer Karton heterogenen Inhalts: in erster Linie Notizen mit bibliographischen Angaben, Textausschnitte und Exzerpte, Briefe und Postkarten an Minde-Pouet, handschriftliche Anmerkungen und Korrekturen zur Forschungsliteratur, weitere Anmerkungen zum Kommentar sowie Notizen zu Kleists Biographie und zu deren Kontext.

Begonnen wurde die Erschließung nunmehr mit dem Material zu den Briefen, das unterschiedlichster Art ist. Neben handschriftlichen Notizen zu Personen und Orten finden sich in den Kuverts korrigierte Druckfahnen und Textausschnitte, Korrespondenz, Porträtphotographien, Faksimiles, Kommentarnotizen, bibliographische Angaben, Zeitungsartikel etc. Daß sich auch Kuverts finden, die leer sind, ist wahrscheinlich darauf zurückzuführen, daß zum betreffenden Brief kein Material vorhanden war. Minde-Pouet scheint die vollzählig vorhandenen Umschläge zunächst fortlaufend numeriert zu haben, bevor er mit der Arbeit am Kommentar begann.

Das Material wird zunächst im einzelnen archivalisch erfaßt und registriert. Aus Gründen der Übersichtlichkeit war hierfür ein leicht verständliches Klassifikationssystem zu erstellen. Nach der Angabe der äußeren Parameter des jeweiligen Stücks (Anzahl und Größe der Blätter) wird dessen Text transkribiert oder, im Falle von leicht zugänglichen Drucken oder Faksimiles, in Regestenform dargeboten. Was die bislang interessantesten Funde, von Minde-Pouet bearbeitete Druckfahnen der zweiten Auflage seiner Briefedition, anbelangt, zeichnet sich die Möglichkeit ab, anhand der Korrekturen Aufschluß über den Zustand heute verschollener Originale zu erhalten. Dies soll im Zuge einer zweiten Durchsicht des Materials geprüft werden.

Editionsplan

I	DRAMEN
I/1	Die Familie Schroffenstein
I/2	Robert Guiskard
I/3	Der zerbrochne Krug (1994)
I/4	Amphitryon (1991)
I/5	Penthesilea (1992)
I/6	Das Käthchen von Heilbronn
I/7	Die Herrmannsschlacht
I/8	Prinz Friedrich von Homburg
II	PROSA
II/1	Michael Kohlhaas (1990)
II/2	Die Marquise von O.... (1989)
II/3	Das Erdbeben in Chili (1993)
II/4	Die Verlobung in St. Domingo (1988)
II/5	Das Bettelweib von Locarno
	Der Findling
	Die heilige Cäcilie (1993)
II/6	Der Zweikampf (1994)
II/7	Berliner Abendblätter 1
II/8	Berliner Abendblätter 2 / Sonstige Prosa
III	LYRIK
	Gesammelte Gedichte
IV	BRIEFE UND DOKUMENTE
IV/1	Briefe 1
IV/2	Briefe 2
IV/3	Briefe 3
IV/4	Ausführliches Verzeichnis der Textzeugen mit exemplarischen Reproduktionen von Satzbeispielen der Originaldrucke; Katalog der erhaltenen Handschriften
V	ERLÄUTERUNGEN
V/1	Erläuterungen 1
V/2	Erläuterungen 2
V/3	Erläuterungen 3

In unserem Verlag erscheinen außerdem:

Friedrich Hölderlin
Sämtliche Werke. Frankfurter Ausgabe
Historisch-Kritische Ausgabe
Herausgegeben von D. E. Sattler

J. M. R. Lenz
Der Hofmeister
Synoptische Ausgabe von Handschrift
und Erstdruck
Herausgegeben von Michael Kohlenbach

Clara/Robert Schumann
Briefwechsel
Kritische Gesamtausgabe
Herausgegeben von G. Eismann und Gerd Nauhaus

Karoline von Günderrode
Sämtliche Werke
Historisch-Kritische Ausgabe
Herausgegeben von Walter Morgenthaler

Georg Trakl
Sämtliche Werke und Briefwechsel
Historisch-Kritische Ausgabe
Herausgegeben von Eberhard Sauermann und Hermann Zwerschina
(in Vorbereitung)

Bitte fordern Sie unsere Sonderprospekte an!
CH-4007 Basel · Oetlingerstr. 19
D-60322 Frankfurt am Main · Holzhausenstr. 4